marbachermagazin 132

Deutscher Geist.
Ein amerikanischer Traum

Von ERNST OSTERKAMP *und* DAVID E. WELLBERY

Deutsche Schillergesellschaft
Marbach am Neckar

Deutscher Geist. Ein Überseekoffer
Essay von Ernst Osterkamp

Noch sieben Jahrzehnte später konnte sich der Gräzist Paul Friedländer (1882–1968) daran erinnern, wie ihm als Primaner in einem kleinen Antiquariat in der Nähe des Berliner Friedrichsgymnasiums, an dem er im Jahre 1900 das Abitur machte, ein überaus glücklicher Fund gelang: Für »etwa eine Mark« überließ ihm der Antiquar die 1756 erschienene »zweyte vermehrte Auflage« der *Gedanken über die Nachahmung der Griechischen Werke in der Malerey und Bildhauerkunst* von Johann Joachim Winckelmann (1717–1768), dem Begründer der neueren Archäologie und Kunstwissenschaft. Die Erstausgabe von Winckelmanns Erstlingsschrift war 1755 in nur 50 Exemplaren gedruckt worden, die an Mitglieder des Dresdner Hofes und an Freunde und Förderer des Autors verteilt worden waren; und so ging denn Winckelmanns europäischer Ruhm erst von dieser stark erweiterten, zweiten Auflage seiner *Gedanken* aus. Mit dieser Schrift begründete Winckelmann den deutschen Griechenkult: den Glauben an die Vorbildlichkeit von Kunst und Kultur des antiken Griechenland auch für die Moderne, der die Kunst- und Kulturgeschichte der Deutschen bis weit ins 20. Jahrhundert hinein geprägt hat – von der Dichtung und Philosophie der Klassik über den

Bildungshumanismus des 19. Jahrhunderts und die Lebensreformbewegung der Jahrhundertwende bis hin zur Körperpolitik des Nationalsozialismus. Es war dieser Prozess, der im Jahre 1935 die englische Germanistin Eliza M. Butler (1885–1959) dazu bewog, in ihrem Buch *The Tyranny of Greece over Germany. A study of the influence exercised by Greek art and poetry over the great German writers of the eighteenth, nineteenth and twentieth centuries* [Cambridge 1935] von einer Tyrannei der Griechen über die Deutschen zu sprechen, wobei sie die Wirkungsgeschichte von Winckelmanns Griechenideal auf die Tyrannei des Dritten Reichs zulaufen sah.

Im Jahre 1935, dreieinhalb Jahrzehnte nachdem er das Gründungsdokument des deutschen Griechenkults erworben hatte, erfuhr Paul Friedländer, damals Professor für Klassische Philologie in Halle, diese Tyrannei auf besondere Weise: Er wurde von den Nationalsozialisten als Jude aus dem Amt entlassen. Sein Leben hatte bis dahin ganz im Zeichen der Winckelmann'schen Griechensehnsucht gestanden: An einem Berliner Gymnasium im Geiste des Bildungshumanismus erzogen, hatte er Klassische Philologie und Archäologie in Berlin und Bonn studiert und sich mit seinen Arbeiten zur griechischen Heldensage, Tragödie, Kunstbeschreibung und insbesondere zu Platon zu einem der angesehensten deutschen Gräzisten entwickelt. 1920 wurde Friedländer Professor in Marburg, 1932 wurde er nach Halle berufen. Nach dem Ausbruch der nationalsozialistischen Barbarei dann: 1935 die Amtsenthebung, 1938 das KZ Sachsenhausen, 1939 die Emigration in die USA. In den Jahren von 1940 bis 1949 lehrte Paul Friedländer an der University of California in Los Angeles. Dass er sich dort trotz seiner geschichtlichen Erfahrungen von den Traditionen des deutschen Humanismus nicht abgewandt hatte, konnte jeder Besucher seines kalifornischen Dienstzimmers daran erkennen, dass es von Porträtfotografien seines Berliner Lehrers, des großen Gräzisten Ulrich von Wilamowitz-Moellendorff, und des Dichters Stefan George geschmückt war, in dessen geistigen

Bannkreis Friedländer in den zwanziger Jahren geraten war.»Hellas ewig unsre Liebe«, so lautet ein berühmter Vers in Georges Gedichtsammlung *Der Teppich des Lebens* [Stefan George, *Sämtliche Werke*, Bd. 5, Stuttgart 1984, S.16], die 1899 erschien, also in dem Jahr, in dem Friedländer vermutlich den Winckelmann-Band erwarb. Dieser Vers könnte als Motto auch über Paul Friedländers Leben stehen.

Weder der Antiquar noch der junge Friedländer hatten beachtet, dass ein früherer Besitzer seinen Namen auf das Titelblatt von Winckelmanns *Gedanken* gesetzt hatte:»Lessing«. Erst später ist Paul Friedländer bewusst geworden, was ihm als Schüler damit in die Hände gefallen war: Gotthold Ephraim Lessings Handexemplar von Winckelmanns Erstlingswerk, jenes Buch mithin, das für Lessing den argumentativen Ausgangspunkt bildete für seine kunsttheoretisch wegweisende Abhandlung *Laokoon: oder über die Grenzen der Malerei und Poesie* (1766), mit der er zeichen- und medientheoretisch die Unterschiede zwischen Literatur und bildender Kunst zu bestimmen und den Vorrang der Poesie zu beweisen versuchte.»Das allgemeine vorzügliche Kennzeichen der griechischen Meisterstücke in der Malerei und Bildhauerkunst, setzet Herr Winkelmann in eine edele Einfalt und stille Größe, sowohl in der Stellung als im Ausdrucke.« [Gotthold Ephraim Lessing, *Werke*. 1766–1769, hrsg. von Wilfried Barner, Frankfurt a. M. 1990, S. 17.] So lautet der erste Satz von Lessings berühmter Schrift, die wie diejenige Winckelmanns zu den Gründungsurkunden der deutschen Klassik zählt: kein Autor von Rang in Spätaufklärung, Klassik und Romantik, der nicht beide Bücher gekannt und sich nicht in irgendeiner Weise produktiv auf ihre theoretischen Vorgaben bezogen hätte. Auf diesem Exemplar also hatte Lessings Hand gelegen, als er die Eingangskapitel zum *Laokoon* entwarf, bei seiner Lektüre hatte er die Leitideen seiner Ästhetik konzipiert, die von prägender Bedeutung für Herder und Goethe, für Schiller und Friedrich Schlegel war. Kein Wunder also, dass Paul Friedländer sich zeitlebens von diesem Exemplar der Winckelmann'schen *Gedanken* nicht mehr trennen mochte; in ihm verdichtete sich gleichsam die beste Tradition des deutschen Geistes, und so hat es ihn denn über sieben Jahrzehnte hinweg auf seinem weiten Lebensweg von Berlin über Marburg und Halle nach Los Angeles begleitet. Denn dieses Buch repräsentierte auch die geistige Identität des großen Gräzisten; als er 1939 in die USA emigrierte und das Buch mitnahm, rettete er nicht allein sein Leben, sondern er rettete zugleich ein Zeugnis der deutschen Kultur vor der Barbarei, die an deren Stelle getreten war. Noch kurz vor seinem Tod hat er einen Zettel in das Buch gelegt, auf dem er über dessen Erwerbungsumstände berichtet.

Im Jahre 1970, bald nach Friedländers Tod, gelangte Lessings Winckelmann-Exemplar nach Deutschland zurück; Charlotte Friedländer hatte es im Bewusstsein seiner kulturellen Bedeutung dem Deutschen Literaturarchiv in Marbach gestiftet. Die kulturelle Bedeutung des Buchs aber hat sich auf seinem Weg von Berlin nach Los Angeles gewandelt; es repräsentiert nun nicht mehr nur die Ideenpotentiale des Humanismus der deutschen Klassik, in deren Zeichen Friedländer seine wissenschaftliche Biografie begann, sondern zugleich die geschichtlichen Verheerungen des 20. Jahrhunderts, die die Traditionen des deutschen Bildungshumanismus für immer gebrochen und beschädigt haben – so tief, dass der deutsche Geist sich nur dadurch zu retten vermochte, dass er sich an die amerikanische Westküste flüchtete. Dies Buch, ein einzigartiges Dokument der im Zeichen der europäischen Aufklärung aufblühenden Kultur der deutschen Klassik, legt seitdem auf bewegende Weise Zeugnis ab von der Barbarei, die sich zwischen uns und diese Kultur geschoben hat, aber auch von der geistigen Kraft zum Widerstand gegen die Inhumanität, die sich aus der Erinnerung an diese Kultur zu speisen vermochte. Die besten und die schwärzesten Dimensionen der deutschen Geschichte, Glanz und Elend des deutschen Geistes kommen auf einmalige und doch repräsentative Weise in ihm zusammen.

Wann aber hätte es je einen Glanz des deutschen Geistes ohne Elend gegeben? Schon die rückwärtsgewandte Utopie des Winckelmann'schen Griechentraums bildete eine emphatische Antwort auf die Misere eines deutschen Gelehrten, der, geboren als Sohn eines armen Flickschusters in Stendal, nur durch viele glückliche Fügungen zum päpstlichen Antiquar in Rom aufzusteigen vermochte. Johann Joachim Winckelmann hat gegen alle historische Evidenz darauf beharrt, dass es die politische Freiheit gewesen sei, die in der Geschichte der griechischen Kunst deren Blütezeiten hervorgebracht habe, und damit den deutschen Intellektuellen ein Modell dafür gegeben, wie sich ihre Freiheitssehnsucht unter Ausklammerung der gegenwärtigen Misere auf eine utopische Vergangenheit und eine von ihr extrapolierte utopische Zukunft – ein dem idealen Maß der Griechen nachgeformtes Menschheitsziel – übertragen lasse: das Urmuster der im deutschen Idealismus so beliebten triadischen Geschichtsmodelle, die über die Enge und das Elend der politischen Gegenwart hinweghelfen, indem sie die Kältezone der Geschichte ummanteln mit einem utopischen Ausgangs- und einem utopischen Zielpunkt. Und da es für den Historiker der Kunst der wichtigste Effekt der griechischen Freiheit gewesen war, große Kunst hervorgebracht zu haben, gewöhnten es sich die deutschen Dichter und Philosophen rasch an, Kunst und Freiheit in einem Bedingungsverhältnis zu denken: dergestalt, dass der wahre Ort der Freiheit und der Ort wahrer Freiheit die von allen äußeren Zwängen befreite autonome Kunst und es mithin das Reich des Schönen sei, in dem der Mensch zu sich selbst und zu seiner wahren Bestimmung finde. »Schöne Welt, wo bist du? – Kehre wieder, / holdes Blüthenalter der Natur! / Ach! nur in dem Feenland der Lieder / lebt noch deine goldne Spur.« [*Schillers Werke. Nationalausgabe*, Bd. 1, Weimar 1943, S. 194.] So dichtete Friedrich Schiller im Frühjahr 1788 in *Die Götter Griechenlandes* mit dem schon damals konventionalisierten Sehnsuchtsblick der Deutschen auf die Griechen und erhoffte sich Erlösung von den sozialen Zwängen der Moderne und dem Diktat des Rationalismus durch die Wiederkehr der Göttin der Schönheit im Medium der Kunst. Während ein Jahr später jenseits des Rheins das politische Ziel der Freiheit an die Ideen von Gleichheit und Brüderlichkeit gebunden wurde und mit den Mitteln der politischen Aktion durchgesetzt werden sollte, banden die Dichter der Deutschen die Zukunft der Freiheit weiterhin an die Entwicklung der Kunst und setzten auf die befreiende Kraft des Schönen – niemand stärker und folgenreicher als Schiller, dieser Virtuose des geschichtlichen Dreischritts, der, nachdem die Revolution in Frankreich in den Terror umgeschlagen war, ganz auf die ästhetische Erziehung als Strategie der Bildung und Befreiung des Menschen setzte und die Freiheit als Ziel aller Kunst und jeden Spiels bestimmte.

Wohl kein anderer deutscher Dichter der Klassik und Romantik hatte Unfreiheit stärker und bewusster erlebt als Friedrich Schiller in seinen Jugendjahren in der Erziehungsdiktatur der Hohen Carlsschule seines Herzogs Carl Eugen. Sein Erstlingsdrama *Die Räuber* (1781) durchbebt ein unbändiges Freiheitsverlangen, und das – entgegen der Auffassung der älteren Forschung vermutlich von Schiller selbst veranlasste – berühmte Titelkupfer zur zweiten Auflage (1782) des Dramas mit dem springenden Löwen und dem Motto »in Tirannos« waren eine offene Herausforderung des Herzogs. Von da an blieb die Freiheit ein Grundthema des Schiller'schen Werks bis hin zu den von Geschichtspessimismus schwer durchtränkten klassischen Dramen. Glanzvoll gelangte dieses Thema in den auf vielfache Weise den Gedanken der amerikanischen Unabhängigkeitserklärung verschwisterten Forderungen des Marquis Posa nach Menschenglück und Gedankenfreiheit im 3. Akt des *Dom Karlos* (1787) zur Entfaltung. Und doch: Wie sehr war auch dem Plan dieses aus dem Geiste des Weltbürgertums entworfenen Dramas der Freiheit die Enge der deutschen Misere eingeschrieben! Im Frühjahr 1783, schon bald nach Schillers Entschluss, als nächsten Stoff die tragische Liebesgeschichte zwischen dem Sohn König Philipps II. und der Königin zu bearbeiten, entstand der erste Entwurf zu *Dom Karlos*, der im Deutschen Literaturarchiv aufbewahrte Bauerbacher Plan. Was Schiller am Stoff des Dom Karlos reizte, war von Anbeginn dessen politischer Gehalt: das Aufbegehren der unterdrückten Menschheit gegen die geistige Despotie, die exemplarisch durch die spanische Inquisition repräsentiert wurde. Der Bauerbacher Plan lässt aber die politische Dimension des Stoffes kaum erkennen, ja er scheint sie bewußt zu unterdrücken. Zwar ist einmal von einer »Rebellion« des Dom Karlos (IV.A) die Rede und danach vom »Verbrechen seiner Ankläger« (V.C), aber dies bleibt inhaltsleer und unbestimmt; statt dessen konzentriert sich der Plan ganz auf die dramatische Entfaltung einer Liebes- und Eifersuchtstragödie in königlichem Hause und nimmt dem Stoff seine politische Brisanz, indem er ihn auf die Dimensionen eines bürgerlichen Dramas mit *sex and crime*-Spannung reduziert. Offensichtlich war es die Absicht des Bauerbacher Entwurfs, Außenstehende über das in Arbeit befindliche neue Stück zu informieren und so Verbindungen zu Theatern anzubahnen, die sich für das Drama interessieren könnten. Schiller muss es strategisch notwendig erschienen sein, zu diesem Zweck die politisch problematischen Aspekte des Stoffs zu verschweigen. So kündet der erste Entwurf zu dem Drama, in dem Schillers Rhetorik der Freiheit wirkungsmächtig zur Entfaltung gelangte, von den politischen, sozialen und institutionellen Zwängen, denen der junge Dramatiker unterworfen war; er schrieb den Plan zu seinem Drama, das die unterdrückte Menschheit an der Inquisition zu rächen bestimmt war, als habe ihm die Inquisition dabei über die Schulter geschaut. Gerade damit bildet der Bauerbacher Plan ein sinnfälliges Dokument jener politischen Bedrückung und sozialen Beengtheit in spätabsolutistisch-kleinstaatlichen Verhältnissen, die die Sehnsucht der deutschen Dichter nach der Kunstautonomie zu erklären hilft. Wenn schon nirgendwo sonst, so sollte doch immerhin in der Kunst Freiheit herrschen.

Als Friedrich Schiller im Frühjahr 1791 erstmals Immanuel Kants *Kritik der Urteilskraft* studierte und dabei auch seinen Freiheitsbegriff philosophisch vertiefte, unterstrich er auf Seite 42 seines Exemplars doppelt das Wort »Spiel«, denn im Spiel erwies sich für ihn die Freiheit der Ästhetik von unmittelbarer moralischer Inanspruchnahme. So ließ Schiller schließlich seine Theorie der ästhetischen Erziehung auf ein vom »ästhetischen Bildungstrieb« erschaffenes »fröhliches Reich des Spiels und des Scheins« hinauslaufen und damit auf einen im Begriff des Spiels fundierten »ästhetischen Staat«, in dem die Menschen einander nur als Subjekte und Objekte eines »freyen Spiels« begegnen: »Freyheit zu geben durch Freyheit ist das Grundgesetz dieses Reichs.« [*Schillers Werke. Nationalausgabe*, Bd. 20, Weimar 1962, S. 410.] Er hätte auch sagen können: Freiheit zu geben durch Freiheit sei das Grundgesetz der Kunst. Denn das von ihm erträumte Reich der Freiheit existierte nur im Medium des ästhetischen Scheins, in der von allen äußeren Zwecken befreiten Kunst. In der spätfeudalistischen deutschen Realität hingegen blieb, während in Frankreich blutig um die Freiheit gekämpft wurde, vorerst alles beim Alten. Als Friedrich Schiller im Jahre 1794 mit den *Horen* das Zentralorgan der deutschen Klassik gründete, wurde die Politik programmatisch aus ihm ausgeschlossen.

Und so spannten denn die jugendlichen Leser Friedrich Schillers ihre utopieverliebten idealistischen Menschheitsentwürfe in einem vom kindlichen Einklang mit der Natur zum erreichten Ideal der Freiheit führenden Bogen hoch über die geschichtliche Wirklichkeit hinweg, aus deren Zwängen sie sich nicht zu lösen vermochten. Am Anfang Ruhe, Friede und Freiheit der Kindheit, am Ende das »neue Reich« der Schönheit und Freiheit, dazwischen die Geschichte des Einzelnen wie diejenige der Menschheit als »exzentrische Bahn« der Entfremdung [Friedrich Hölderlin, *Särntliche Werke und Briefe*, hrsg. von Michael Knaupp, Bd. 1, München 1992, S. 657 und 558]: So stellte sich für Schillers Bewunderer Friedrich Hölderlin der von Utopie zu Utopie führende historische Verlauf dar, innerhalb dessen alle reale Gegenwart als ein einziger Kältetag erfahren wurde. »Wie ein heulender Nordwind, fährt die Gegenwart über die Blüthen unsers Geistes und versengt sie im Entstehen.« [Ebd., S.621.] Diesen Satz ließ Hölderlin den Titelhelden seines Romans *Hyperion oder der Eremit in Griechenland*, dessen erster Band 1797 erschien, im Brief an dessen Freund Bellarmin schreiben; er formulierte damit zugleich ein Grundthema seiner eigenen Existenz. Hölderlins Hyperion ist einer jener Jünglinge aus der Schule Winckelmanns, für die das antike Athen den Inbegriff einer vollkommenen Existenz in Schönheit, Freiheit und harmonischem Einklang mit der Natur bildete: »es war ein göttlich Leben und der Mensch war da der Mittelpunct der Natur.« [Ebd., S.688.] Dieses untergegangene Menschheitsideal stellt für Hyperion zugleich den Zielpunkt der Geschichte dar: »Es wird nur Eine Schönheit seyn; und Menschheit und Natur wird sich vereinen in Eine allumfassende Gottheit.« [Ebd., S.693.] Mit diesem emphatischen Satz, der die Wiederkehr der griechischen Idealwelt beschwört, endet der erste Band des Romans. Wie aber kann die Menschheit in dieses neue Reich der Schönheit gelangen? Die politische Aktion – diese zeitgleich in Frankreich blutig erprobte Option – verwirft der Idealismus des Romans; zwar kämpft Hyperion im Befreiungskampf der Griechen gegen deren osmanische Unterdrücker, aber er muss rasch erkennen, dass die politische Praxis einhergeht mit dem Verrat an seinen Menschheitsidealen. Und so bleibt auch hier nur die von Schiller kurz zuvor entwickelte Lösung der ästhetischen Erziehung: Hyperions Geliebte Diotima bestimmt ihn zum Erzieher des Volkes. Diotima aber verkörpert in Hölderlins Roman die Schönheit des Ideals; dass ihm die verlorene Schönheit des alten Athen in ihrer Gestalt wiedererschienen ist, lässt Hyperion auf die Wiederkehr der antiken Idealwelt hoffen.

Über Friedrich Hölderlins Gegenwart aber, aus der er sich in eine utopische Vergangenheit und eine utopische Zukunft träumte, ging der Nordwind hinweg und ließ die Blüten seines Geistes nicht zur Entfaltung gelangen. Er arbeitete, als er an den beiden Bänden des *Hyperion* schrieb, als Hauslehrer bei dem Frankfurter Bankier Jakob Friedrich Gontard. In dessen Gattin Susette erkannte er eine Griechin, seine Diotima, und sie nahm das von Hölderlin poetisch auf sie voraus entworfene Rollenmuster sofort an; das Ergebnis war eine der großen tragischen Liebesgeschichten der deutschen Literatur. Im September 1798 musste Friedrich Hölderlin – für den Bankier ein subalterner Angestellter – das Haus Gontard verlassen. Am 7. November 1799 gelang es ihm, Susette Gontard den eben erschienenen zweiten Band des *Hyperion* zu übergeben; er widmete ihr das Exemplar mit den Worten »Wem sonst als Dir«. Im zweiten Band seines Romans ließ Hölderlin Diotima sterben und verabschiedete damit symbolisch auch seine Hoffnungen auf eine Erneuerung des griechischen Reichs der Schönheit für immer. Susette Gontard aber musste die Erzählung vom Tod Diotimas als Ankündigung ihres eigenen Todes lesen; sie starb 1802, dreiunddreißig Jahre alt. Hölderlin lebte seit 1807 unheilbar in geistiger Umnachtung in einem Tübinger Turmzimmer, 36 Jahre lang. »Wem sonst als Dir«: In dem Susette/ Diotima zugeeigneten Exemplar steht Friedrich Hölderlins Widmung rechts neben der letzten Seite des ersten Bandes, in dessen letztem Satz die geschichtsbildende Kraft der Göttin Schönheit noch voller Hoffnung auf die endliche Verwirklichung einer Idealwelt nach dem Muster der Griechen beschworen wird: »Menschheit und Natur wird sich vereinen in Eine allumfassende Gottheit.« Diesen Traum von einem neuen Griechenland hatte der Dichter – im Gesang ein weltverändernder Visionär, im Leben ein schlecht bezahlter Hauslehrer – im Kältestrom der Gegenwart bereits aufgegeben, als er die Widmung an die Geliebte schrieb; zurück blieb von all den großen Hoffnungen auf eine umfassende Welterneuerung nur die Erinnerung an wenige Stunden heimlichsten Glücks. Zurück blieb allerdings auch ein großer Roman, bei dessen Lektüre sich noch viele

Generationen jugendlicher Leser über die politisch-soziale Misere des deutschen Alltags hinweg und hinüber träumten in ein neues Hellas auf deutschem Boden; noch im 20. Jahrhundert entfaltete der Roman in jugendlichen Oppositionsbewegungen seinen utopischen Sog.

Keiner hat Johann Joachim Winckelmann mehr verehrt als Johann Wolfgang von Goethe; keiner war von der Vorbildlichkeit der griechischen Kunst auch für die Moderne stärker überzeugt als er. In der Vorrede zu seiner Kunstzeitschrift *Propyläen* formulierte er 1798 die programmatische Maxime, »daß wir uns so wenig als möglich vom klassischen Boden entfernen« [Johann Wolfgang Goethe, *Sämtliche Werke nach Epochen seines Schaffens. Münchner Ausgabe*, Bd. 6.2, München 1988, S. 9]. Und als er im Jahre 1805 (dem Todesjahr Schillers) eine um Essays und kunsthistorische Abhandlungen angereicherte Edition Winckelmann'scher Briefe herausgab, da hob er die epochale Bedeutung des großen Archäologen dadurch hervor, dass er dem Band den Titel *Winckelmann und sein Jahrhundert* gab. Anders als seinen der philosophischen Spekulation hingegebenen Zeitgenossen lag es ihm, dem ganz auf die Gegenwart des Daseins bezogenen und sich die Welt im Medium der konkreten Anschauung erschließenden Dichter, aber vollkommen fern, aus seiner Verehrung für die Griechen irgendwelche utopischen Potentiale zu entwickeln. An eine Wiederkehr Griechenlands in deutscher Kleinstaaterei hat er, der gegen die deutsche Neigung zur Geschichtsphilosophie immun war, im Ernst nie gedacht. Es genügte ihm, dass sich von den Kunstwerken der Antike für die aktuelle künstlerische Praxis Entscheidendes im Hinblick auf Themenwahl und Darstellungsweise lernen ließ; Spekulationen über den Zusammenhang von Kunst und Freiheit dagegen hat er sich erspart, und die utopischen Perspektiven, in die sein Freund Schiller das Konzept der ästhetischen Erziehung münden ließ, blieben ihm letztlich fremd. Selbst an der künstlerischen Wiedererweckung der Antike hat Goethe sich nur in Maßen beteiligt:

Als er 1787 in Rom seine *Iphigenie* vollendete, geriet ihm das Bild der mit dem Atridenfluch belasteten Griechen des Dramas nicht sonderlich sympathisch; als er 1799 wie ein neuer Homer die *Achilleis*, ein Epos über den Tod des Achill, in Angriff nahm, brach er das Werk bereits nach dem ersten Gesang für immer ab; sein 1807 erschienenes kleines Drama *Pandora* schließlich entwarf eine von Gewalt geprägte mythische Antike, aus der sich das Idealschöne, verkörpert in der nur in der Erinnerung der anderen Figuren existierenden Titelheldin, für immer zurückgezogen hat. Das Idealschöne hatte für Goethe nach 1806, als französische Truppen nach der Niederlage Preußens in der Schlacht bei Jena auch Weimar besetzten und er selbst in Todesgefahr geriet, keinen Ort mehr inmitten der Schrecken der Geschichte.

Welchen Gesetzen die geschichtliche Wirklichkeit des 19. Jahrhunderts gehorchte, hat Goethe ohne jedes Utopieverlangen im zweiten Teil seiner Tragödie *Faust* dargestellt: denjenigen der Ökonomie, der militärischen Gewalt und des technischen Fortschritts. Im 1. Akt dieser großen Allegorie des 19. Jahrhunderts – das Deutsche Literaturarchiv besitzt die von Schreiberhand stammende Druckvorlage dieses Akts (bis Vers 6036) für dessen Erstdruck im zwölften Band der Ausgabe letzter Hand – retten Faust und Mephisto als Finanzberater einen heruntergekommenen Feudalstaat durch rasche und unbegrenzte Geldvermehrung auf dem Wege der Papiergeldschöpfung: eine Strategie der Kapitalbeschaffung, die vorausdeutet auf die Finanzkrisen des 21. Jahrhunderts. Im 4. Akt vollzieht sich die Neuordnung politischer Machtverhältnisse mit den Mitteln militärischer Gewalt, der 5. Akt führt den Tod der Idylle, die Vergewaltigung der Natur und die Unterdrückung des Menschen mit den technischen Möglichkeiten des 19. Jahrhunderts vor Augen. Dazwischen führt Goethe im 2. und im 3. Akt die Leser des Dramas noch einmal in die von ihm so geliebte Antike. Aber in der Klassischen Walpurgisnacht des 2. Akts gibt es die griechische Idealschönheit, an deren Wiederkunft sich seit Winckelmann so viele utopische Hoffnungen geknüpft hatten, nicht mehr. Was sich dort als Antike präsentiert – vor- und unterolympischen Figuren, Sirenen und Sphinxe, Lamien und Greife, Nereiden und Tritonen –, ist entidealisiert und historisiert, und weil dies so ist, kann Faust Helena, das Gestalt gewordene Ideal, hier auch nicht finden. Wenn Helena dann doch im 3. Akt noch einmal erscheint und sich antike Idealschönheit für einen ewigen Augenblick mit der Wirklichkeit der Moderne verbindet, dann doch nur in Form einer Phantasmagorie. Als »klassisch-romantische Phantasmagorie« hat Goethe den Helena-Akt 1827 in dessen Erstdruck bezeichnet und damit jedem Versuch, das antike Ideal in die Wirklichkeit des 19. Jahrhunderts zurückzuholen, phantasmagorischen Charakter zugesprochen. Er wusste genau, dass der Traum der deutschen Gräkophilie, die Wirklichkeit nach dem Maß des Winckelmann'schen Griechenideals neu zu ordnen, unter dem Druck von Ökonomie und wissenschaftlich-technischem Fortschritt längst ausgeträumt war. Und wenn er dennoch dem in der Kunst verbürgten Griechenideal bis an sein Lebensende die Treue hielt, so hat er doch nach Schillers Tod konsequent darauf verzichtet, ihm einen anderen Ort der Verwirklichung zuzuweisen als das Gebiet der bildenden Künste.

So bleibt denn das unerhörte Sprachwunder des Helena-Aktes, in dem sich die Sehnsucht nach der Wiederkehr der Antike mit der Einsicht in die Unmöglichkeit ihrer Wiederherstellung verbindet, in die dramatische Architektur des *Faust II* eingekapselt wie eine melancholische Erinnerung an die utopischen Hoffnungen ganzer gräkomaner Generationen. So wie die Summe des Hässlichen und Entstellten in der Moderne wächst, so wachsen auch die geschichtlichen Widerstände gegen die Verwirklichung des humanen Bildungstraums der deutschen Klassik. So oft dieser Traum auch beschworen wird, so rasch sinkt er doch immer wieder – wie Helena in den Hades – zurück in die Unterwelt der klassischen Bildungszitate.

Auch davon handelt der Helena-Akt des *Faust II*: vom Absinken eines Traums von idealer Schönheit, die zugleich vollkommene Menschlichkeit verkörpert, in das Schattenreich ohnmächtiger Bildungsprogramme, indes die geschichtliche Wirklichkeit ganz anderen Gesetzen gehorcht, denen der Macht, der Ökonomie und der Technik. Die Utopie, an deren Verwirklichung im Schlussakt der blinde Faust arbeitet, folgt diesen Gesetzen und ist deshalb auch von einer Diktatur nicht mehr unterscheidbar. Für jemand wie Faust, der sich unnachsichtig an der Natur – auch seiner eigenen – vergeht, kann es am Ende deshalb nur ein Rettungsmittel geben: das Gnadengeschenk grenzenloser und grenzenlos unverdienter Liebe.

Die deutschen Leser des 19. Jahrhunderts haben Goethe diese ästhetisch und gedanklich radikale Analyse der Bewegungsgesetze ihrer Zeit nicht gedankt und den zweiten Teil des *Faust* als künstlerische Verfehlung eines Greisenavantgardismus beiseite geschoben; auch mochten sie seine Immunität gegen Utopien nicht. Sie träumten sich weiterhin gern aus der Enge ihrer biedermeierlichen Gegenwart fort in nun freilich schmaler skalierte Utopien hinein: sei es in die phantasmagorische Gegenwelt von Eduard Mörikes Orplid, sei es in das Rosengut des Freiherrn von Risach in Adalbert Stifters *Der Nachsommer* (1857), diesen idyllischen Kleinstkosmos aus dem Geiste klinischer Reinlichkeit, in dem Schillers Konzept der ästhetischen Erziehung adrett dem bürgerlichen Ordnungsdenken des 19. Jahrhunderts angepasst wird. Im Übrigen wanderte das deutsche Utopieverlangen im 19. Jahrhundert in die Kunstreligion ab: jene wirkungsmächtige Überfrachtung der an die Kunst gerichteten Ansprüche, die sich ebenfalls als eine Radikalisierung der Schiller'schen Idee der ästhetischen Erziehung begreifen lässt. Denn in der Kunstreligion löst die Kunst die Religion als zentrale Erlösungsinstanz ab und befreit den Menschen so aus den Zwängen der Wirklichkeit: eine für die Ideengeschichte der Kunst in Deutschland zentrale Gedankenfigur, deren Wirkung sich von Wilhelm Heinrich Wackenroders und Ludwig Tiecks *Herzensergießungen eines kunstliebenden Klosterbruders* (1797) über Richard Wagner und Stefan George bis hin zu Joseph Beuys und Karlheinz Stockhausen erstreckt. Wie schon bei Schiller: welche Überschätzung der Möglichkeiten der Kunst! Und wie ebenfalls schon bei Schiller: welche Missachtung der Notwendigkeit des politischen Handelns! Wie sehr die deutsche Flucht in die Kunstreligion mit dem Faktor der politischen Enttäuschung verbunden war, lehrt schon das Beispiel Richard Wagners, dessen Held Siegfried sich erst nach dem Scheitern der bürgerlichen Revolution im Jahre 1848 vom jungdeutschen Befreier zum kunstreligiösen Erlöser wandelte. Von da an hat Richard Wagner wie nach ihm nur Stefan George dafür gesorgt, dass das Vertrauen der Deutschen in die welterneuernde und Erlösung spendende Kraft der Kunst grenzenlos blieb.

Dagegen noch einmal Goethe: Er hatte in seinem Altersroman *Wilhelm Meisters Wanderjahre oder Die Entsagenden* (1829) in der Zeit der beginnenden Industrialisierung die Entsagung als einen Weg praktisch-pragmatischer Weltbewältigung durch die Beschränkung jedes Einzelnen auf seine besonderen Fähigkeiten und Talente vorgeschlagen und im Übrigen seinen Lesern einen sehr konkreten Weg nahegelegt, auf dem sie der Enge der deutschen Verhältnisse entkommen könnten – die Auswanderung nach Amerika. Bei keinem der großen deutschen Dichter des 19. Jahrhunderts war das Freiheitsverlangen groß genug, dass er diesen Schritt je ernsthaft erwogen hätte; im Zweifel ging man lieber ins Exil nach Paris, London oder Zürich. Nur ein bedeutender Dichter der Biedermeierzeit nahm das Wagnis einer Amerikareise auf sich: Nikolaus Lenau (1802–1850). Er hatte den Plan gefasst, sein großmütterliches Erbe auf Dauer gewinnträchtig anzulegen und zu diesem Zweck in Amerika Land zu kaufen und günstig zu verpachten. Im Juni 1832 – wenige Wochen nach Goethes Tod – machte er sich auf die Reise; ein Jahr später betrat er wieder deutschen Boden. Die wenigen Briefe, die sich von Lenaus Amerikareise erhalten haben, sind Dokumente einer bitteren Enttäuschung. Er reiste nach Baltimore, Pittsburgh und Lisbon (Ohio); den Höhepunkt seiner Reise bildete der Besuch der Niagara-Fälle. Am 16. Oktober 1832 schickte Lenau seinem Schwager Anton Schurz aus Baltimore ein erstes Resümee seiner amerikanischen Eindrücke: »Bruder, diese Amerikaner sind himmelanstinkende Krämerseelen. Tot für alles geistige Leben, maustot. Die Nachtigall hat recht, daß sie bei diesen Wichten nicht einkehrt.« [Nikolaus Lenau, Sämtliche Werke und Briefe, hrsg. von Walter Dietze, Leipzig 1970, Bd. 2, S. 207.] Als er im März 1833 in einer Reihe von Briefen die Bilanz seiner Amerika-Eindrücke zog, fiel diese verheerend aus, wobei der Vorwurf der Poesielosigkeit und der seelischen Leere obenan stand. Einmal lauschte er in einer musikalischen Gesellschaft dem Gesang junger Damen, und dies war seine Reaktion: »Ihr Ton war in Wahrheit jenem zu vergleichen, den man hervorbringt, wenn man mit nassem Finger an dem Rande eines mit Wasser gefüllten Glases herumfährt, ein sonderbares Geschrille, das höchstens dem einer Möwe ähnlich kommt. Ich hörte mit vielem Grausen zu, denn ich vernahm in jeder Note die Resonanz einer fürchterlichen inneren Hohlheit.« [Ebd., S. 215.]

Der österreichische Spätromantiker war in den USA dem Geist einer pragmatischen, technikorientierten und utilitaristischen Moderne begegnet, und dies löste bei ihm reines Entsetzen aus: »Die Bildung der Amerikaner ist bloß eine merkantile, eine technische. Hier entfaltet sich der praktische Mensch in seiner furchtbarsten Nüchternheit.« [Ebd.] Zum positiven Ertrag der Amerikareise gehörte immerhin eine Reihe eindrucksvoller Gedichte, die zum Teil erst nach Lenaus Rückkehr entstanden sind: *Der Indianerzug*, *Die drei Indianer*, *Niagara* und *Das Blockhaus*. Auch sie sind Zeugnisse der Desillusionierung, wobei der Dichter in den ersten beiden Gedichten aus der Position der Indianer spricht, die das unaufhaltsame Vordringen des weißen Mannes in die Vernichtung treibt; in *Die drei Indianer* lässt sich ein Greis mit seinen beiden Söhnen, nachdem er einen Fluch gegen die weiße »Räuberbrut« gerichtet hat, in einem Boot, das

Sterbelied singend, in den Niagarafall herabstürzen. [Ebd., Bd. 1, S. 109.] Im Jahre 1855, fünf Jahre nach Lenaus Tod, veröffentlichte der österreichische Schriftsteller Ferdinand Kürnberger (1821–1879), der selbst nie in Amerika gewesen war, seinen auf Lenaus Amerikaerlebnis basierenden Roman *Der Amerikamüde*. Er konnte zum folgenreichsten literarischen Desillusionierungsmodell für alle auf die neue Welt gerichteten Zukunftshoffnungen werden, weil er Lenaus Enttäuschung auf einen jungen deutschen Dichter übertrug, der nach dem Scheitern der Revolution von 1848 all seine idealistischen Hoffnungen auf die USA setzte – und sich in einem Land wiederfand, das in Kürnbergers karikaturistischer Verzerrung durch Materialismus, Sozialdarwinismus und brutale Gewalt gekennzeichnet war. Wie lang und wie tiefgreifend dies Modell bei den deutschen Intellektuellen gewirkt hat, mag man daran ermessen, dass Theodor W. Adorno, als er für seine 1944 bis 1947 im amerikanischen Exil in Los Angeles entstandenen *Minima Moralia. Reflexionen aus dem beschädigten Leben* (1951) ein Motto suchte, dies in Kürnbergers *Amerikamüdem* fand: »Das Leben lebt nicht.« In seiner Kritik an Kultur und Gesellschaft der USA blieb Adorno, bei aller unvergleichlichen analytischen Schärfe, in manchem doch auch ein Nachfahr des Spätromantikers Lenau.

Lange, sehr lange hat die deutsche Literatur gebraucht, um sich aus dem Bann der klassisch-romantischen Tradition zu lösen. Während in den europäischen Nachbarliteraturen – in Frankreich, England und Russland – bürgerliche Realitätstüchtigkeit den Roman zur führenden Gattung und damit die realistische Wirklichkeitserschließung zum bestimmenden Darstellungsprinzip aufsteigen ließ, blieb in Deutschland im 19. Jahrhundert die Forderung nach Realismus weiterhin mit derjenigen nach dem Poetischen – nach Humor und Verklärung, nach einem spezifisch poetischen Strukturgesetz und nach imaginativ erschaffener Wirklichkeit – untrennbar verbunden. Und so leistet denn die deutsche erzählende Literatur des 19. Jahrhunderts ihr Bestes in der Novelle, nicht im Roman. Natürlich gibt es Ausnahmen, eine große sogar: Gottfried Kellers *Der grüne Heinrich* (1854/55), einer der bedeutenden Desillusionierungsromane des 19. Jahrhunderts, im Rang vergleichbar Balzacs *Illusions perdues* und Flauberts *L'éducation sentimentale*. Aber auch in diesem Roman bilden noch die Kunst und der Künstler das zentrale Thema, und die gesellschaftliche Realität des 19. Jahrhunderts taucht in ihm nur insofern auf, als sie von Heinrich Lee verfehlt wird, der als Künstler scheitert, weil er die Unverantwortlichkeit der Einbildungskraft der Verantwortung für sein eigenes Leben und das der ihm Nächsten vorzieht. Man merkt es dem Roman nicht an, dass er in einer Großstadt geschrieben worden ist. Und doch ist Kellers Roman das bedeutendste literarische Werk, das im 19. Jahrhundert in Berlin entstanden ist. Es sollte 75 Jahre dauern, bis in Berlin ein Roman von vergleichbarem weltliterarischen Rang geschrieben wurde: Alfred Döblins *Berlin Alexanderplatz* (1929). Der Held dieses Romans ist kein Künstler mehr, sondern ein kleiner Arbeiter: Franz Biberkopf, der im Berlin der zwanziger Jahre ungewollt auf die schiefe Bahn gerät und dem dabei viel Schlimmes widerfährt. Die Geschichte dieses kleinen Mannes interessiert den Erzähler, weil sie ein Element des unendlich komplexen kollektiven Geschehens der Großstadt bildet. Die Stadt Berlin ist der eigentliche Akteur des Romans. Ihre Geräusche und Gerüche, ihre Plakate und Zeitungen, ihre Verkehrsströme und Ökonomie, ihre Menschenmassen und Architekturen werden zu Elementen eines einzigen großen Textes. Die deutsche Literatur war endgültig in der Moderne, sie war in der Realität angekommen.

Tatsächlich ist die Entwicklung der literarischen Moderne im deutschen Sprachraum gebunden an diejenige der Großstädte, die sofort die künstlerischen Einflüsse der anderen europäischen Zentren absorbieren. Der rasche Aufstieg Berlins zur europäischen Metropole nach der Reichsgründung 1871 und die explosive Entwicklung seiner Bevölkerung bildeten die Voraussetzung dafür, dass Berlin zum Mittelpunkt der naturalistischen Bewegung wurde.

Um 1890 stiegen Berlin, Wien und München gleichzeitig zu Zentren der literarischen Moderne auf, mit komplizierten Abgrenzungs-, aber auch Austauschverhältnissen zwischen den divergierenden, konkurrierenden und gerade deshalb einander wechselseitig befruchtenden literarischen Milieus. Der junge Wiener Dichter Hugo von Hofmannsthal veröffentlichte seine 1894 entstandenen *Terzinen* 1895 in der Berliner Zeitschrift *Pan* (II und III) und 1896 in Stefan Georges ebenfalls in Berlin gedruckten *Blättern für die Kunst* (I). Rasch lösten die ästhetischen Programme und künstlerischen Entwicklungen im Zeichen eines ständig wachsenden Innovationsdrucks einander ab: Naturalismus, Impressionismus, Jugendstil, Expressionismus, Dadaismus, Neue Sachlichkeit. Und bald kamen weitere literarische Zentren hinzu, so Prag und Zürich. Auf diese Weise entfaltete die literarische Moderne im deutschen Sprachraum zwischen 1890 und 1933 ihre Produktivität und Dynamik in einem polyzentrischen geistigen Gefüge: Thomas Mann in München, Alfred Döblin in Berlin, Robert Musil in Wien, Franz Kafka in Prag, Stefan George überall und nirgends. Zusammengehalten wurde all dies in der Weimarer Republik in den Jahren von 1925 bis 1932 durch die wohl bedeutendste Literaturzeitschrift, die es in Deutschland im 20. Jahrhundert gegeben hat: die im Ernst Rowohlt Verlag erscheinende, von Willy Haas herausgegebene *Literarische Welt*, zu deren wichtigsten Mitarbeitern Walter Benjamin zählte. Der Titel der Zeitschrift formuliert deren Programm: Die polyzentrische literarische Moderne in Deutschland verstand sich vor 1933 als Teil einer modernen Weltliteratur; sie suchte nicht mehr die nationale Abgrenzung, sondern den lebendigen Dialog mit den anderen Literaturen. Im ersten Heft der *Literarischen Welt* schrieb Thomas Mann über das Thema »Was verdanken Sie der kosmopolitischen Idee?«, während auf die Rundfrage der Redaktion »Was verdanken Sie dem deutschen Geist?« André Germain, Henri Barbusse, Jean Cocteau, Ilja Ehrenburg, Paul Claudel, Miguel de Unamuno, Max Jacob und Paul Valéry antworteten. »Die Geister der großen europäischen Nationen sind gegenseitige Schuldner und Gläubiger«, mit diesem Satz leitete Paul Valéry seinen kurzen Beitrag ein [*Die literarische Welt* 1 (1925), Nr. 2, S. 2] und formulierte damit zugleich das Bewusstsein aller bedeutenden deutschsprachigen Autoren der Moderne, über die nationalliterarischen Grenzen hinweg der literarischen Welt anzugehören.

Dem suchte der Zivilisations- und Traditionsbruch des Jahres 1933 ein Ende zu setzen. Die Bücherverbrennungen, die Schreib- und Publikationsverbote, die Verfolgung der linken Intelligenz, die Vertreibung, Einkerkerung und Ermordung jüdischer Autoren, ohne deren Beitrag die literarische Moderne in Deutschland nicht zu denken ist: Mit all dem zielten die Nationalsozialisten auf eine Reprovinzialisierung des deutschen Geistes und auf seine Isolation von der literarischen Welt. Sie waren damit nur begrenzt erfolgreich. Gewiss, die Werke der in Deutschland gebliebenen und weiterhin dort publizierenden Autoren, die nach dem Krieg ihre Entscheidung zu bleiben als »innere Emigration« verstanden wissen wollten, blieben unabdingbar von dieser Provinzialisierung geprägt; dafür sorgten auch die Reichsschrifttumskammer und der Unterdrückungsapparat der Diktatur. Die deutsche literarische Moderne war aber im Jahre 1933 kraftvoll, vielgestaltig und widerstandsfähig genug, um sich im Exil neue lebendige Zentren schaffen und damit gerade ihren kosmopolitischen Charakter bewähren zu können: Amsterdam, Sanary sur Mer, New York, Los Angeles. In den Jahren von 1940 bis 1947 lag die Hauptstadt der deutschen Literatur an der amerikanischen Westküste. Nach der Okkupation Frankreichs hatten viele deutsche Autoren, angezogen von den in der Filmindustrie gebotenen Arbeitsmöglichkeiten und der dort schon bestehenden Kolonie deutschsprachiger Kulturschaffender, Zuflucht in Los Angeles gefunden. Über die Riesenfläche von Los Angeles zerstreut lebten Bertolt Brecht und Alfred Döblin, Lion Feuchtwanger und Franz Werfel, Thomas und Heinrich Mann, Vicky Baum und Berthold Viertel, Theodor W. Adorno und Leonhard Frank, Emil Ludwig und Friedrich Torberg. Hinzu kamen Komponisten und Dirigenten – Arnold Schönberg, Ernst Krenek und Hanns Eisler, Otto Klemperer und Bruno Walter –, Schauspieler und Regisseure – Marlene Dietrich und Peter Lorre, Max Reinhardt und Fritz Lang, William Dieterle, Douglas Sirk und Curt Siodmak. Alles in allem: ein Weimar am Pazifik. Heimisch geworden sind die deutschen Autoren am Ort ihres Exils dennoch nicht; abgeschnitten von ihrem Publikum und oft auch von Publikationsmöglichkeiten konnten sie es nicht werden. Trotzig und verzweifelt entschlossen, auch in Los Angeles Europäer zu bleiben, mussten ihnen Kultur und Sprache des Landes, das ihnen Zuflucht gewährte, so fremd bleiben wie die Weite der Landschaft und die endlosen Strassen, in denen man nicht flanieren konnte, und so löste sich denn dieses Zentrum der deutschen Kultur nach Kriegsende und unter dem politischen Druck des McCarthyismus rasch wieder auf.

»Hollywood could now boast of being the Parnassus of German literature«, so heißt es im Rückblick auf diese Jahre in einem der schönsten Erinnerungsbücher des 20. Jahrhunderts, Salka Viertels *The Kindness of Strangers* [New York/Chicago/San Francisco 1969, S. 248; dt. u.d.T. *Das unbelehrbare Herz*, Hamburg 1970]. Salka Viertel (1892–1978), geborene Salomea Steuermann, aus jüdisch-galizischer Familie stammend, Schauspielerin, verheiratet mit dem Dichter, Drehbuchautor und Regisseur Berthold Viertel, Mutter dreier Söhne, Schwester des Pianisten und Schönberg-Schülers Eduard Steuermann, Tante des Dirigenten Michael Gielen, enge Freundin und Drehbuchautorin von Greta Garbo, war bereits 1928 nach Hollywood gekommen, als Friedrich Wilhelm Murnau Berthold Viertel als Drehbuchautor zu sich rief. Ihr Haus 165, Mabery Road, Santa Monica, wurde in den dreißiger und vierziger Jahren zur Anlaufstelle für zahlreiche deutsche und österreichische Emigranten, und ihnen allen hat sie zu helfen versucht. In ihrem Haus fand die politisch und künstlerisch auf vielfache Weise zerklüftete und zerstrittene deutsche Kolonie von

Schriftstellern, Schauspielern und Musikern immer wieder zusammen – nicht in demjenigen Brechts, Feuchtwangers oder Thomas Manns. Sie war es, die 1941 in ihrem Haus das Fest zum 70. Geburtstag von Heinrich Mann ausrichtete – unvergesslich ihr Bericht, wie bei der Festtafel zuerst Thomas und dann Heinrich Mann im brüderlichen Wettstreit endlose Redemanuskripte verlasen, indes in der Küche der Rinderbraten zäh wurde.

Heute befindet sich Salka Viertels Nachlass – wie derjenige Berthold Viertels, von dem sich Salka Viertel 1948 endgültig getrennt hatte – im Deutschen Literaturarchiv in Marbach, darunter das Typoskript ihres reichen Erinnerungsbuchs, das ihren Lebensweg von Sambor im damals österreichischen Galizien über Teplitz, München, Berlin, Wien und wiederum Berlin nach Los Angeles und schließlich in den fünfziger Jahren zurück nach Europa in die Schweiz so warmherzig wie unsentimental mit hohem Realitätssinn und scharfer Charakterisierungskunst erzählt. Man kann sich von dem Reichtum dieses Buches anhand jeder Seite des Typoskripts überzeugen; exemplarisch sei das Blatt 306 herausgegriffen, auf der von dem ersten Jahr der Viertels in Kalifornien erzählt wird. Eingespannt zwischen den Bericht über einen abendlichen Besuch des großen Romanciers Upton Sinclair und der Erzählung von der Anmietung des Hauses in der Mabery Road (»only for the summer«, daraus wurden dann Jahrzehnte) findet sich eine Anekdote, die im gedruckten Text gestrichen wurde und die doch auf unübertreffliche Weise die Anpassungsprobleme der europäischen Intellektuellen an die Bedingungen des Studiobetriebs in Hollywood charakterisiert: Als Berthold Viertel einmal verzweifelt zwischen seinen Büchern kramte, fragte Salka ihn, was er denn suche. Die Antwort: Kants *Kritik der reinen Vernunft*. Immer wenn er das Gerede von Sol Wurtzel, der rechten Hand des Studiochefs, nicht mehr ertrage, schließe er sich mit Kant in der Toilette ein: »Das bewahrt mich davor, den Verstand zu verlieren.« Deutscher Geist in Hollywood.

Derweil entstand auf der anderen Seite des Atlantik auf einem einsamen Schreibtisch in Italien ein ganz anderes Amerika. Dort erfand in den ersten Jahren von Adolf Hitlers ›Drittem Reich‹ ein großer deutscher Dichter sein eigenes Amerika, und auch dies war eine Form der Emigration: eine Emigration in das Innerste der Poesie, wie sie so in den Augen dieses Dichters unter den politisch-kulturellen Bedingungen seiner Zeit in Europa nicht mehr entstehen und überleben konnte. In der Villa Bernardini in Saltocchio bei Lucca, in der er mit seiner Familie seit 1931 wohnte, spielte im Frühjahr 1933 ein Zufall Rudolf Borchardt, dem so formbewussten wie sprachschöpferischen Lyriker, Essayisten, Redner und Übersetzer, den Gedichtband *Fatal Interview* der amerikanischen Lyrikerin Edna St.Vincent Millay (1892–1950) in die Hände. Er legte den Band ungelesen wieder beiseite: Ihr Name war ihm unbekannt, und im Übrigen glaubte der streng in der europäischen Tradition verankerte Borchardt ohnehin nicht, dass in den USA überhaupt große Lyrik entstehen konnte. Auch hatte er damals andere Sorgen: Zwar hatte er, als Monarchist Gegner der Weimarer Republik, am 4. April 1933 noch Benito Mussolini bei einer Audienz ein Exemplar seiner Dante-Übersetzung überreichen können, die deutschen Machthaber aber sahen in ihm, dem Konservativen und Protestanten, nach ihren Rassenbegriffen vor allem den Juden und schlossen ihn damit aus der deutschen Literatur aus. Erst Monate später griff er erneut zu den Gedichten Edna St. Vincent Millays – und wurde von ihnen mit einer elementaren Gewalt ergriffen wie zuvor nur in seiner Jugend von den Gedichten Hugo von Hofmannsthals, seines großen Freundes, und Stefan Georges, den er sich zum ewigen Gegner erwählt hatte. In seinem großen Essay *Die Entdeckung Amerikas. I. Die Poesie von Edna St. Vincent Millay*, an dem er vom November 1933 bis zum März 1935 arbeitete, hat Borchardt über seine erste Lektüre des Gedichtbuchs der amerikanischen Lyrikerin berichtet wie über ein pietistisches Erweckungserlebnis: »Aber es wartete auf seinen Moment, zog eine müssig gedankenlose Minute an sich, in der es mich überraschen konnte, und schlug mich zu Boden. Ich traute meinen Augen nicht und rief nach Anderen, mir über die Schulter zu sehen, mitanzuhören. Wir umstanden als Glückliche das Wunder, das hier so unerklärbar wie unverkennbar vor aller Augen lag: die grosse europäische Poesie aller Jahrhunderte bis zu ihrem letzten, dem XIXten, nach diesem im Mutterlande erlöschend oder einziehend, hatte den Atlantik unterlaufen und war in Amerika in einer gewaltigen lyrischen Pyramide aus dem tauben Boden gebrochen«. [*Die Entdeckung Amerikas. Rudolf Borchardt und Edna St.Vincent Millay. Gedichte, Übertragungen, Essays*, hrsg. von Gerhard Schuster, mit Beiträgen von Barbara Schaff und Friedhelm Kemp, München 2004, S. 184.]

Rudolf Borchardt, der schon seit Jahrzehnten in Italien lebte, wollte auf keinen Fall zu jener Gruppe von Schriftstellern gezählt werden, die nach 1933 aus Deutschland emigriert waren. Aber stellte er mit diesem Satz nicht dasjenige, was sich nach 1933 faktisch ereignet hatte, die Emigration der deutschen Literatur in andere europäische Länder und dann nach Amerika, in den Zusammenhang einer großen literaturgeschichtlichen Konstruktion: den Auszug der großen europäischen Poesie nach Amerika, wo sie im Werk einer amerikanischen Sappho wiedergeboren wurde? Das war gewiss eine Überschätzung des Werks dieser wunderbaren Lyrikerin, aber dies ist im Falle Borchardts nicht das Entscheidende. Entscheidend ist vielmehr, dass ihm, der Europa nie verlassen hätte und schließlich im Jahre 1945 auf der österreichischen Seite des Brennerpasses, genau zwischen Deutschland und Italien, starb, die Begegnung mit den Gedichten Edna St. Vincent Millays die Möglichkeit gab, sich aus dem politischen Elend seiner Zeit hinüberzuträumen in ein Amerika ganz aus Poesie, während viele andere Repräsentanten des deutschen Geistes – Hannah Arendt und Theodor W. Adorno, Erich Auerbach und Bertolt Brecht, Alfred Döblin und Siegfried Kracauer, Ernst Kantorowicz und Thomas Mann, Carl Zuckmayer und Paul Friedländer, um nur einige Namen zu nennen – Zuflucht im wirklichen Amerika fanden und einige, so Walter Benjamin, auf dem Weg dorthin ihr Leben lassen mussten. Auch Borchardts Traum von einer neuen Sappho auf einem neuen Lesbos namens Amerika war eine Form der Emigration: ein geistiges Exil in einer Welt aus Poesie. Wie denn auch anders? Rudolf Borchardts geistige Existenz war – nicht anders als diejenige Paul Friedländers, mit dem er korrespondiert hat – ganz und gar in der Geschichte des deutschen Bildungshumanismus verankert, und so gehört denn das von ihm entdeckte Amerika auch in die Tradition jener phantasmagorischen Gegenwelten, die sich der deutsche Geist aus der Kunst und ihrer theoretischen Reflexion erschaffen hat. Winckelmanns Griechenland, Schillers ästhetischer Staat, Hölderlins neues Reich der Schönheit, Stefan Georges Hellas: Reiche nicht von dieser Welt, sondern Fluchtorte des Glaubens, dass Kunst und Schönheit die zentralen Medien der Weltveränderung und Lebenssteigerung seien. Fieberhaft arbeitete Rudolf Borchardt in den Jahren 1934 und 1935 an seinen Übersetzungen der Gedichte Edna St.Vincent Millays. Ihr trauriger Vers »but it is winter with your love«, der vier Mal in dem Gedicht *Alms* vorkommt, heißt in Borchardts *Almosen* betitelter herrlicher Übertragung: »Doch steht es winterlich um uns« [ebd., S. 58 f.]. Auf diese Weise übertrug er ein stilles lyrisches Liebes- und Seelendrama in den Horizont der geschichtlichen Erfahrungen der Jahre nach 1933, in denen es winterlich um ganz Europa stand. Kein Wunder, dass er sein Utopia aus Kunst und Poesie in dieser Situation außerhalb Europas suchte. Dass er es in Amerika fand, gehörte zu den großen Überraschungen seines Alters.

Einblicke ins Archiv
Aus transnationaler und ästhetischer Perspektive
Essay von David E. Wellbery

DEUTSCH-AMERIKANISCHE VERFLECHTUNGEN

Fangen wir mit jenem Titel an, den Max Brod dem frühesten (wenn auch zuletzt veröffentlichten) Romanfragment Franz Kafkas voranstellte: *Amerika*. Bezeichnend, dass die erste amerikanische Übersetzung die deutsche Schreibweise beibehielt [übers. von Edwin Muir, Norfolk, CN 1940]. Amerikanische Leser jener Kriegs- und vor allem Nachkriegsjahre verstanden sofort, dass auf diesen Seiten ihr eigenes Land aus der Perspektive jenes fast prophetisch wirkenden osteuropäischen Schriftstellers dargestellt wird, dessen Werk und Name den Buchstaben *K* zur Chiffre für die beängstigende Rätselhaftigkeit des Daseins gemacht hatten. Dermaßen unentbehrlich war die Konnotation, dass selbst die neue, philologisch fundierte Übersetzung den von Brod irrtümlich gesetzten Titel bewahrt, ihn allerdings durch eine nicht ganz befriedigende Entsprechung zu dem von Kafka intendierten Titel *Der Verschollene* ergänzt: Franz Kafka,

Amerika: The Missing Person [übers. von Mark Harman, New York 2008]. Zwischen zwei Sprachen schwebt der eigentümlich entwurzelte Titel, und gerade aus diesem Grunde eignet sich Kafkas Roman als Ausgangspunkt dieser amerikanischen Einführung in das Projekt »Deutscher Geist. Ein amerikanischer Traum«.

Neben dem Manuskript des *Proceß*-Romans haben wir aus den Beständen des *Deutschen Literaturarchivs* das erste Kapitel des *Verschollenen* ausgesucht, das 1913 im Verlag Kurt Wolff in Leipzig als dritter schmaler Band der erlesenen Reihe *Der jüngste Tag* separat veröffentlicht wurde. Das Bändchen trug den Titel *Der Heizer*. Der erste Absatz schildert die Ankunft des Protagonisten Karl Roßmann im Hafen von New York: »Als der sechzehnjährige Karl Roßmann, der von seinen Eltern nach Amerika geschickt worden war, weil ihn ein Dienstmädchen verführt und ein Kind von ihm bekommen hatte, in dem schon langsam gewordenen Schiff in den Hafen von New York einfuhr, erblickte er die schon längst beobachtete Statue der Freiheitsgöttin wie in einem plötzlich stärker gewordenen Sonnenlicht. Ihr Arm mit dem Schwert ragte wie neuerdings empor, und um ihre Gestalt wehten die freien Lüfte.«

Charakteristische Merkmale von Kafkas Schreiben lassen sich an diesen zwei Sätzen beobachten: die Genauigkeit der rhythmischen Komposition, die (von Kleist geerbte) Aufmerksamkeit für die situative Bedingtheit von Handlungen, die systematische Überführung hoch besetzter Symbole in etwas obskur Bedrohliches (die Fackel der Freiheitsgöttin wird zum Schwert). Man könnte die Bedeutung dieser stilistischen und darstellerischen Strategien für Kafkas Werk generell nachweisen. Die entstellte Freiheitsstatue zum Beispiel antizipiert das vom Künstler Titorelli fertiggestellte Gemälde im *Proceß*, in dem die Figur der Gerechtigkeit Züge einer Siegesgöttin annimmt, um sich schließlich als Jagdgöttin zu entpuppen. [Franz Kafka, *Die Romane*, nach der Fass. der Handschrift, Frankfurt a. M. 1997, S. 476.] Thematisch zeigt sich an der Eingangspassage schon jedes Muster von sexueller

Aggression und Flucht, das sich nicht nur für diesen Roman Kafkas als bestimmend erweisen wird. Im gegenwärtigen Kontext jedoch lohnt es sich, ein einziges, recht auffallendes Merkmal hervorzukehren: die starke Betonung der Vertikalität. Der Leser erblickt die Statue aus der Perspektive Karls, der gleich im Anschluss an die zitierte Stelle den vorherrschenden Eindruck benennt: »›So hoch!‹ sagte er sich«. Kaum übertreibend lässt sich behaupten, dass Kafka der fiktiven Welt Amerikas bloß zwei Dimensionen verleiht: die Vertikale der Metropole und die Horizontale der sich am projizierten Ende des Romans ausbreitenden Ebene.

Seine Absicht im *Verschollenen* sei, so schrieb Kafka am 25. Mai 1913 an Kurt Wolff, »das allermodernste New Jork« zur Darstellung zu bringen [Franz Kafka, Briefe 1913–1914, hrsg. von Hans-Gerd Koch, Frankfurt a. M. 1999, S. 196.] Diese ästhetische Ambition teilte er mit anderen Künstlern. Im Erscheinungsjahr des *Heizers* entstand das bemerkenswerte Foto *Two Towers. New York 1913* von Alfred Stieglitz (1864–1946), ein Bild, das den emporstrebenden Drang sowie die unwirkliche, fast gespensterhafte Präsenz der frühen Wolkenkratzer festhält. Die visuellen Eindrücke, die Kafka seinem Text einfügt – die Freiheitsstatue vom Schiffsdeck aus gesehen; den Stadtverkehr von einem Wolkenkratzer aus beobachtet –, sind dem dramatischen Perspektivismus jener modernen Fotoästhetik affin, die in der von Stieglitz herausgegebenen Zeitschrift *Camera Work* propagiert wurde. Vielleicht das berühmteste Foto von Stieglitz, das allgemein als eines der wichtigsten Produkte der fotografischen Kunst des zwanzigsten Jahrhunderts anerkannt wird, nämlich *The Steerage* (1907), erfasst die zusammengedrängte Menschenmenge auf dem Deck eines Dampfschiffes aus einem solchen vertikal-schrägen Blickwinkel. Eine Generation früher waren Stieglitz' deutsch-jüdische Eltern mit einem ähnlichen Schiff in New York angekommen. Das Gedränge an Bord, das *The Steerage* sichtbar werden lässt, bildet in der ersten Szenenfolge von Kafkas *Heizer* natürlich eines der bestimmenden

Motive. In der realen Version jener fiktiven Welt, in der Karl Rossmann ankommt, war eine fotografische Bildkunst im Entstehen begriffen, die eine innige Verwandtschaft zu Kafkas Prosatechnik aufweist. Und tatsächlich: Im Erscheinungsjahr des *Heizers* öffnete sich New York mit der Epoche machenden *Armory Show*, die übrigens von Stieglitz mitorganisiert wurde, jener ästhetischen Moderne Europas, die im Werk Kafkas eine ihrer bedeutendsten literarischen Leistungen findet. Die Stadt, die Kafka 1913 ins Imaginäre verwandelte, sollte ihrerseits zu einem Zentrum modernistischer Kunstbestrebungen werden.

Es zeigt sich, dass Kafkas *Heizer* mit dem Netzwerk von Bildern, Geschichten und Diskursen, das die kulturellen Beziehungen zwischen Deutschland und den Vereinigten Staaten um die Jahrhundertwende konstituiert, vielfach verwoben ist. Als Beispiel greifen wir die Lebensgeschichte von Stieglitz heraus. In Hoboken (New Jersey) geboren, besuchte er das Realgymnasium in Karlsruhe, studierte dann später an der Technischen Hochschule in Berlin. Aufmerksam verfolgte er dort die vom Chemiker Hermann Wilhelm Vogler durchgeführten Forschungen zu fotografischen Prozessen. Zu seinen frühesten künstlerischen Vorbildern gehörte der Maler Adolf von Menzel, den er während des Berliner Aufenthalts noch persönlich kennenlernen konnte. Jenes modernistische Ethos, das später die Zeitschrift *Camera Work* prägen sollte, wurde maßgeblich von der Münchener Sezession beeinflusst, und noch bis zum Kriegsausbruch 1914 wurden die Photogravuren der Zeitschrift in Deutschland hergestellt. Auch auf nicht-künstlerischem Gebiet lassen sich die deutsch-amerikanischen Verflechtungen belegen, auf denen Kafkas Erstlingsroman beruht. Es ist zum Beispiel bekannt, dass die Figur Karl Rossmanns in der Familiengeschichte Kafkas verwurzelt ist. Im Jahre 1897 war Otto Kafka, ein älterer Cousin des Schriftstellers, im Alter von achtzehn Jahren zunächst nach Südamerika, später in die USA emigriert. Ihm folgte 1909 dessen vierzehnjähriger Bruder

Franz, der in New York die Handelsschule besuchte und später der Exportfirma Ottos beitrat. Die Kongruenz zum Figurenarrangement des Romans ist eklatant. [Vgl. Peter-André Alt, *Franz Kafka. Der ewige Sohn. Eine Biographie*, München 2005, S. 354–56.] Jedoch auch andere Emigrationsgeschichten bilden, obzwar sie Kafka wahrscheinlich unbekannt waren, unverzichtbare kulturelle Grundlagen der im *Verschollenen* imaginierten Welt. In diesem Zusammenhang denkt man an Georg (später George) Boldt (1853–1916), der im Alter von dreizehn von Rügen nach New York auswanderte, zunächst in der Küche des ›Merchants Exchange Hotel‹ arbeitete, danach in den Westen zog, aber nach New York zurückkehrte, nachdem seine Hütte durch eine Überschwemmung in Texas zerstört worden war. In der Metropole arbeitete sich Boldt von Kellner bis zum Hotelmanager hoch. Schließlich konnte er den Bau des berühmten ›Waldorf-Astoria Hotels‹ finanzieren, das er später selbst leitete. Als die ersten Gäste im Jahre 1893 eintrafen, hatte das Hotel dreizehn Stockwerke (1895 auf achtzehn erhöht) und 970 Angestellte. Unter Boldts Leitung setzte das ›Waldorf-Astoria‹ neue Maßstäbe für das Hotelgeschäft, nicht nur im Hinblick auf seine Größe, sondern auch auf den am Wohlergehen der Klientel orientierten Service. Die daraus hervorgehende Blüte des Grandhotels war ein internationales Phänomen. 1909 wurde das ›Hotel Atlantik‹ in Hamburg, eines der bekanntesten deutschen Grandhotels, eröffnet. In Kafkas Roman ist der Trend am extravaganten ›Hotel Occidental‹ kenntlich, zu dessen hierarchisch durchorganisiertem Personal Karl als Liftjunge – dreißig Aufzüge befördern die Gäste – gehört.

Ein weiteres Beispiel für das transnationale Kulturgeflecht, das ich herausstellen möchte, findet sich in der eigentümlichen Schlusswendung des oben zitierten Beginns des *Heizers*. Dort lesen wir: »und um ihre [der Freiheitsgöttin] Gestalt wehten die freien Lüfte.« Soll diese luftige Freiheit einen semantischen Kontrast bilden zur versteinerten Symbolik der Statue mit ihrem bedrohlich erhobenem

Schwertarm? Soll der Leser hier die Möglichkeit einer anderen Freiheit als die durch die martialische Geste der Göttin angedeuteten ahnen: eine ungreifbare, ja unsichtbare Freiheit, so unbeschränkt wie die Bewegung der Winde? Lässt sich an den »freien Lüften« sogar ein utopisches Potenzial heraushören, das dem sonst recht tristen und bedrückenden Amerikabild des Romans innewohnt? Leser werden diese Fragen unterschiedlich beantworten. Mit Bezug auf einen Aspekt der merkwürdigen Formulierung ist aber sicherlich Konsens möglich: dass sie das leicht abgewandelte Zitat eines fast in Vergessenheit geratenen Spruches ist, dessen Ursprung in der Geschichte der Reformation liegt. In der dritten von drei Invektiven, die niedergeschrieben wurden, als Martin Luther 1521 auf dem Reichstag in Worms seine Lehren widerrufen sollte, lässt Ulrich von Hutten (1488–1523) die Kaskade von Beleidigungen, welche er an die deutschen Geistlichen, die die päpstliche Position unterstützten, richtet, in der Wendung kulminieren: »videtis spirare libertatis auram« – ›ihr seht die Luft der Freiheit wehen‹ [Ulrich von Hutten, Opera, hrsg. von Eduard Böcking, Bd. 2, Leipzig 1859, S. 34]. Um dem Eindruck vorzubeugen, es handele sich hier um ein Stück obskurer Gelehrsamkeit, sei daran erinnert, dass Huttens Reputation im Laufe des 19. Jahrhunderts eine gewisse Konjunktur erlebte. Carl Schurz, der zusammen mit Millionen anderer nach der gescheiterten Revolution von 1848 in die USA auswanderte, wo er im Bürgerkrieg auf der Seite der Union kämpfte und später der dreizehnte Innenminister der Republik wurde, entwarf noch während seines Studiums in Bonn eine Hutten-Tragödie. Im Jahre 1871 veröffentlichte der Schweizer Conrad Ferdinand Meyer (1825–1898) eine dem Leben Huttens gewidmete Versdichtung unter dem Titel *Huttens letzte Tage*. So populär waren die narrativ lose verbundenen Hutten-Gedichte Meyers, dass der Band im Jahre 1907 die 37. Auflage erreichen konnte. Im gegenwärtigen Zusammenhang jedoch ist vor allem auf die leidenschaftliche Hutten-Biografie hinzuweisen, die der Linkshegelianer David Friedrich Strauß (1808–1874) um die Jahrhundertmitte vorlegte. Im zweiten Band seiner Biografie entfaltet Strauß eine enthusiastische Paraphrase von Huttens dritter Invektive, die unseren Satz folgendermaßen wiedergibt: »Sehet ihr nicht, daß die Luft der Freiheit weht« [David Friedrich Strauß, *Ulrich von Hutten*, Tl. 2, Leipzig 1858, S. 175]. Ob Kafka bewusst auf Huttens Spruch anspielen wollte, ist hier nicht die entscheidende Frage. Wir können davon ausgehen, dass die Formel vom »Wehen der freien Lüfte« im deutschen Sprachleben ein von der Zuschreibung – sei es an Hutten, sei es an Strauß – unabhängiges Dasein führte. Freilich ist der Gedanke, dass es sich um eine kalkulierte Anspielung handelt, hermeneutisch verlockend, denn in dem Fall bezöge sich der Kontrast zwischen der lebendigen Freiheit der Luft und der steinern-monumentalisierten Pseudofreiheit der Statue auf eine historische Situation, in der sich der individuelle religiöse Glaube (Luther) gegen eine korrupte offizielle Religion (Katholizismus) behauptete. Ohne weiteres ließe sich diese Opposition auf die Frage jüdischer Identität übertragen, die eine der leitenden Problemstellungen des *Verschollenen* ausmacht.

Was Kafka aber höchst wahrscheinlich nicht wusste, als er seinem Roman die luftige Freiheitsmetapher Huttens einfügte, ist, dass diese Metapher seit 1891 das inoffizielle (inzwischen offizielle) Motto der Stanford Universität in Kalifornien ist. Der erste Präsident jener Institution, David Starr Jordan, pflegte nämlich in seinen Reden und Schriften Huttens Spruch in der von Strauß stammenden deutschen Fassung zu zitieren. Seit ungefähr zwanzig Jahren führte also das Zitat, mit dem Kafka seinen Amerika-Roman beginnt, ein Nachleben als akademische Parole am Pazifik. Vielleicht war die geistige Grundlage solchen Nachlebens von ›Achtundvierzigern‹ wie Carl Schurz geschaffen worden, der in seinen Reden immer wieder robuste Unabhängigkeit des Denkens als demokratische Haupttugend pries. Denn Jordans Verwendung des Hutten-Zitats zielte (im Gegensatz zu derjenigen Kafkas) darauf, den Wert einer freien Wissenschaft, die sich unabhängig von religiösen oder moralischen Konventionen entfalten sollte, zu bekräftigen. Das Motto hatte mit anderen Worten seine Funktion innerhalb des sich in der zweiten Hälfte des 19. Jahrhunderts vollziehenden geschichtlichen Wandels, der allmählich das kirchlich gebundene College durch die Forschungsuniversität ersetzte. Jordan gehörte jener Gruppe herausragender Universitätspräsidenten an – andere waren Daniel Gilman (Johns Hopkins), Charles Eliot (Harvard), Andrew White (Cornell) und William Rainey Harper (Chicago) –, die diesen historischen Prozess vorantrieben. In diesem Kontext war das Hutten-Zitat in der Übersetzung von Strauß eine rhetorisch effektive Streitparole. Die Leitfigur der universitären Reformen war jedoch keineswegs Hutten, sondern Wilhelm von Humboldt, an dessen Memorandum von 1809/10 man sich in amerikanischen Diskussionen über die Ziele von Bildungsinstitutionen immer noch orientiert. [Wilhelm von Humboldt, *Über die innere und äussere Organisation der höheren wissenschaftlichen Anstalten in Berlin*, in: ders., Werke, hrsg. von Andreas Flitner und Klaus Giel, Darmstadt 1964, Bd. 4, S. 255–266.]

Das Ideal einer Universität, die sich der freien Forschung widmet, unbehindert von praktischen Zwecken, religiöser Doktrin oder Moralkonventionen: dieses Ideal, vor allem den Schriften Humboldts und Schleiermachers entnommen und häufig wirkungsmächtig von Immigranten artikuliert, die man aus Deutschland an die neu entstandenen Universitäten berufen hatte, bildet einen überaus wichtigen Nexus in der Geschichte deutsch-amerikanischer Kulturbeziehungen. Nichts dokumentiert eindrucksvoller die Bedeutung dieses Zusammenhangs als die vielen Exilanten, die nach der Machtergreifung Hitlers an amerikanischen Bildungsinstituten eine Überlebenschance fanden. Man denke an Namen wie Hannah Arendt, Erich Auerbach, Paul Friedländer und Ernst Kantorowicz. Thomas Mann, der 1934 an der Yale Universität Vorträge gehalten und 1935 von der Harvard Universität die Ehrendoktorwürde erhalten hatte, ehe er 1938 einen Ruf nach Princeton annahm, gehört auch zu dieser

Gruppe, welche die Geschichte der amerikanischen Universität in der zweiten Jahrhunderthälfte nachhaltig prägte. Der gemeinsame Ausweis, den Mann und seine Frau Katia erhielten, als sie im September 1933 in die Schweiz flüchteten, und zweifellos auf den genannten Amerikareisen vorzeigten, ist ein evokatives Dokument dieser geschichtlichen Konfiguration. Der wissenschaftlichen Forschung und den akademischen Institutionen kommt in der Geschichte deutsch-amerikanischer Kulturverflechtungen bis heute immense Bedeutung zu.

Ein letztes Mal möchte ich mich Kafkas *Heizer* zuwenden. Bislang haben wir uns vor allem mit zwei Themen befasst, die Kafkas Text exponiert: mit der Übersetzung (Deutsch/Englisch, Latein/Deutsch) und der Emigration. In Kafkas Werk kreuzen sich diese beiden Themen-Komplexe nicht bloß zufällig. Vielmehr sind Emigration und Exil – einschließlich der Übersetzung als einer Entfremdung und Diaspora der Sprache selbst – für Kafkas Werk konstitutiv. Das zeigt in aller Deutlichkeit dessen Publikationsgeschichte. Schon erwähnt wurde der literarisch feinfühlige Verleger Kurt Wolff, der nicht nur 1913 den *Heizer* veröffentlichte, sondern auch 1926 die Erstausgabe des *Schlosses* und 1927 die Erstausgabe von *Amerika* verlegte. Zusammen mit seiner Frau Helen entkam Wolff den deutschen Verhältnissen zunächst nach Italien und Frankreich und dann, mit Hilfe der Unterstützung von Varian Fry, 1941 nach New York. Ein Jahr später konnte das Ehepaar hinreichendes Kapital ($ 7.500) aufbringen, um Pantheon Books zu gründen. Nachdem Pantheon 1961 vom Verlag Random House gekauft worden war, gab das Paar beim Verlag Harcourt, Brace and Jovanovich die berühmte Reihe *Helen and Kurt Wolff Books* heraus. Das für die Geschichte des Kafka'schen Werks ebenso wichtige Verlagshaus Schocken wurde 1931 vom Kaufhausbesitzer Salman Schocken gegründet. Obwohl ›deutsche‹ Verleger nach 1933 die Bücher ›jüdischer‹ Autoren nicht mehr publizieren durften, hatte das ›jüdische‹ Verlagshaus die Erlaubnis, für eine ›jüdische‹

Leserschaft noch solche Bücher herauszubringen. Aufgrund dieser grotesken Gesetzgebung konnte Max Brod in Schocken einen Verleger für Kafkas Werke finden. 1934 erschien der Erzählband *Vor dem Gesetz*, dem 1934 die drei Romane folgten. Eine enthusiastische Besprechung von Klaus Mann in der Exilzeitschrift *Die Sammlung* führte allerdings dazu, dass bald danach Kafkas Werke in Deutschland verboten wurden. 1939 musste auch der Verlag schließen. Im gleichen Jahr wurde das Verlagshaus in Palästina neu etabliert, doch ein Jahr später emigrierte Schocken in die USA, wo er im letzten Kriegsjahr Jahr 1945 Schocken Books gründete. Cheflektoren waren Hannah Arendt und Nahum Glaser. So ging von eben jeniger Stadt, deren fiktives Bild Kafka 1913 im *Heizer* beschworen hatte, Kafkas Werk in alle Welt und gewann schließlich Anerkennung als eine der bedeutendsten Leistungen der modernen Weltliteratur.

ÄSTHETIK DES ARCHIVS

Das Literaturarchiv ist zunächst die Provinz des Philologen, dessen Aufgabe darin besteht, den ursprünglichen Text korrekt – nämlich gemäß der Intention des Autors – zu rekonstruieren. Die Intention des Autors bestimmt nicht nur den Buchstaben, sondern auch den Geist. Manuskripte und Entwürfe lassen die komplexe Verknüpfung von Buchstaben und Geist oft deutlicher erkennen als der gedruckte Text. Seit ungefähr dreißig Jahren ist die Textgenese *an sich* privilegierter Forschungsgegenstand einer ganzen Schule von Editoren und Kritikern. Archivmaterial wird nicht mehr als Vorstufe einer endgültigen Druckfassung betrachtet, die alle vorausgehenden Etappen gleichsam auslöscht, sondern als Spur eines mäandernden literarischen Produktionsflusses, der in manchen Fällen gar nicht auf Vollendung angelegt ist. Endgültige, für den Druck fertiggestellte Texte – einst das Telos der editorischen Arbeit – erweisen sich aus dieser Sicht als kontingente Konstrukte, mehr oder minder bedingt durch willkürliche Entscheidungen des Editors, die Technologie des Drucks oder die Bequemlichkeit von Lesern. Die Festlegung einer endgültigen Fassung entstellt die zugrundeliegende Prozesshaftigkeit. Solche Überlegungen haben zu der leitenden Vorstellung von Goethes morphologischer Wissenschaft eine innige Verwandtschaft: »Der Deutsche hat für den Komplex des Daseins eines wirklichen Wesens den Begriff Gestalt. Er abstrahiert bei diesem Ausdruck von dem Beweglichen, er nimmt an, daß ein Zusammengehöriges festgestellt, abgeschlossen und in seinem Charakter fixiert sei. Betrachten wir aber alle Gestalten, besonders die organischen, so finden wir, daß nirgend ein Bestehendes, nirgend ein Ruhendes, ein Abgeschlossenes vorkommt, sondern daß vielmehr alles in einer steten Bewegung schwanke.« [Johann Wolfgang Goethe, *Sämtliche Werke. Briefe, Tagebücher und Gespräche*, hrsg. von Friedmar Apel [u. a.], Frankfurt a. M. 1987 f., Abt. I, Bd. 24: *Schriften zur Morphologie*, S. 392.]

Selbst wenn Goethe hier Naturprozesse im Blick hat, behält der Gedanke seine Gültigkeit auch für den Bereich kulturellen Schaffens. Zeilen aus der *Zueignung* zum *Faust* verraten, dass sich der künstlerische Schaffensprozess für Goethe gemäß der Dialektik von flüssigem Imaginärem und schriftlicher Fixierung entfaltet: »Ihr naht euch wieder, schwankende Gestalten! / Die früh sich einst dem trüben Blick gezeigt. / Versuch' ich wohl euch diesmal fest zu halten? / Fühl ich mein Herz noch jenem Wahn geneigt?« [Ebd., Abt. I, Bd. 7.1, S. 11.]

An einem einfachen Beispiel sei das philologische Interesse an der Textgenese illustriert. Jeder Leser von Kafkas Roman *Der Proceß* wird sich jener Stelle des Kapitels »Im Dom« entsinnen, da Josef K., im Begriff die Kirche zu verlassen, plötzlich vom Priester angesprochen wird: »Fast hatte er schon das Gebiet der Bänke verlassen und näherte sich dem freien Raum, der zwischen ihnen und dem Ausgang lag, als er zum ersten Mal die Stimme des Geistlichen hörte. Eine mächtige geübte Stimme. Wie durchdrang sie den zu ihrer Aufnahme bereiten Dom! Es war aber nicht die Gemeinde, die der Geistliche anrief, es war ganz eindeutig und es gab keine Ausflüchte, er rief: ›Josef K.!‹« [Franz Kafka, *Die Romane*, nach der Fass. der Handschrift, Frankfurt a. M. 1997, S. 543.] Wenn man das Manuskript in Augenschein nimmt, stellt es sich heraus, dass die Druckfassung Ergebnis einer Umarbeitung ist. Dem Satz, der die durchdringende Kraft der mächtigen, geübten Stimme feststellt: »Wie durchdrang sie den zu ihrer Aufnahme bereiten Dom!« ist eine ausführlichere Formulierung desselben Sachverhalts vorausgegangen: »Sie hätte, so meinte man, Wolken durchdrungen, um wie viel mehr durchdrang sie den zu ihrer Aufnahme bereiten Dom!« Das Manuskript (mit durchgestrichener Wortfolge und eingefügtem »Wie«) lässt das ›Schwanken‹ der Gestalten, worauf Goethes Zeilen hinweisen, fast mit Händen greifen. Was zunächst auffällt, ist, dass Fehler gemacht werden. Der Schreibprozess stockt; Misslungenes wird gestrichen. So führt die ursprüngliche Formulierung den mentalen Akt (»so meinte man«) einer dem Bewusstsein Josef K.'s fremden Instanz ein – eine Abweichung also von der im Roman sonst durchgehaltenen internen Fokussierung. Auf welche Kollektivität bezieht sich dieses ›man‹ und woher kommt das Recht, in deren Namen Urteile auszusprechen? Die Antwort ist klar. Der Maßstab innerer Konsistenz und Plausibilität verlangte Kafkas Verzicht auf einen externen kognitiven Standpunkt und den konsequenten Gebrauch der erlebten Rede, die von Anfang an den Roman prägt, auch hier. Zweite Beobachtung: Für Kafka ist der Schreibprozess ein Kampf gegen die Redundanz. Die ursprüngliche Variante verwendet das Verbum zweimal, zunächst als Partizip, dann als finites Verbum im Imperfekt. Diese Duplikation, weit davon entfernt, das sinnträchtige Verbum zu stärken, verdünnt dessen Ausdruckskraft. Wie viel emphatischer die einmalige Verwendung des Verbums am Anfang des mit »Wie« einsetzenden Ausrufesatzes! Schließlich ist klar, dass der die erste Formulierung organisierende Vergleich aufgrund seiner Vagheit die unentbehrliche Konnotation von wirkungsmächtiger Treffsicherheit in logischem Dunst aufgelöst hätte.

Im Wesentlichen sind das negative Ergebnisse. Aber das Manuskript offenbart auch Positives, das notwendig ausgeblendet wird, wenn man ausschließlich das Endergebnis von Kafkas Revisionen kennt. Am getilgten Satzteil zeigt sich nämlich eine religiöse oder metaphysische Bedeutungskonfiguration, die den Gesamtsinn der beschriebenen Szene färbt. Man erinnere sich an die narrative Situation: Vom Priester, der ihn in der zitierten Passage anredet, wird Josef K. gleich darauf jene Parabel erfahren, die unter dem Titel *Vor dem Gesetz* bekannt ist. Diese Parabel (soviel wird man von deren Bedeutung sagen können) beinhaltet eine Instruktion über das Verhältnis zwischen dem Einzelnen und dem Gesetz. Der Appell, der Josef K. erreicht, ruft ihn ohne mögliche ›Ausflucht‹ vor das Gesetz. Innerhalb dieses umfassenden narrativen Kontextes hat nun der uns interessierende Satz die Funktion, die besondere Qualität jener Stimme herauszukehren, die den Appell trägt. Kafkas erster Griff, um es so zu formulieren, zielte auf eine Stimme, die Wolken zu durchdringen vermag. Eine befremdliche Art, sollte man meinen, eine menschliche Stimme – die des Priesters – zu kennzeichnen, denn wie sollte man genau *das* von einer Stimme wissen? Schließlich gibt es keine Wolken im Dom, und das Wetter ist hier ohnehin ein irrelevantes Thema. Aber um Meteorologisches geht es im gestrichenen Satzteil ersichtlich nicht. Vielmehr soll ein Merkmal der Stimme Gottes aufgerufen werden, das beispielsweise dort zum Zuge kommt, wo Moses auf dem Berg Sinai das Gesetz erhält (2. Mose 24,15–16). Dieser Bezug hat natürlich Konsequenzen für die Deutung der ganzen Szene. Erst jetzt versteht man zum Beispiel, warum die Stimme als »mächtig« empfunden wird oder warum der Dom zu deren »Aufnahme bereit« ist, was von einer bloß menschlichen Stimme nicht behauptet werden könnte. In beiden Varianten wird freilich ausdrücklich gesagt, es sei die »Stimme des Geistlichen«, die hier ertönt, aber der Priester ist seinem Amt nach ein Stellvertreter (Vikar), und dessen Stimme kann und soll die Stimme Gottes mitteilen. Die im Manuskript aufbewahrte religiöse Bedeutungskonfiguration ist auf eine eigentümliche Art zugleich abwesend und gegenwärtig, und als solche wirft sie gleichsam einen metaphysischen Schatten auf eine Schlüsselszene des Romans. Wer es unternimmt, die Parabel *Vor dem Gesetz* (einen der rätselhaftesten Texte Kafkas) zu interpretieren, ohne diese metaphysische Sinnschicht zu berücksichtigen, wird den hohen Preis hermeneutischer Irrelevanz entrichten müssen. Andererseits darf man nicht vergessen, dass Kafka die ›wolkige‹ Stelle in ihrer Ausdrücklichkeit nicht hat stehen lassen, dass er die ursprüngliche Formulierung zurückgezogen und damit die religiöse Bedeutung verborgen hat. Vorhin wurde Kafkas Schreiben einen Kampf gegen die Redundanz genannt; hier sieht man, dass der Schreibprozess auch der Kunst des Seiltänzers gleicht. Erfolgsbedingung ist eine akrobatische Agilität, welche Sinn-Bewegungen sofort korrigiert, wenn sie in den ausformulierten Tiefsinn zu stürzen drohen. Ohne die Textänderung fehlte der Stelle fast gänzlich die für Kafka charakteristische Ungreifbarkeit des Finalsinns und verlöre so ihr seiltänzerisches Gleichgewicht.

Der Umgang mit Archivmaterial, den wir am Manuskript des *Proceß* illustriert haben, bleibt innerhalb des Bereichs der Philologie. Das Ziel ist, den Sinn der durch das Manuskript zugänglich gemachten Spuren zu bestimmen, auch wenn jener Sinn nicht länger als fixierter, sondern als strömender, zögernder und schwankender begriffen wird. Es ist aber auch möglich, Archivmaterial von einem ästhetischen Standpunkt aus zu betrachten: Manuskripte, Notizen, Skizzen, Briefe und andere Objekte *an sich* in den Status ästhetischer

Gegenstände zu erheben. Selbstredend geht es dabei nicht um Kunstwerke im eigentlichen Sinn, sondern um extra- oder para-künstlerische Objekte, die nichtsdestoweniger solche ästhetische Qualitäten aufweisen wie anschauliche Prägnanz, Sinndichte und emotionale Resonanz. Viele Aspekte der zeitgenössischen Ausstellungskultur haben ihren Zweck darin, Objekte so zu exponieren, dass solche Qualitäten optimal in Erscheinung treten. In einem gewissen Sinn ist das gar nicht überraschend. Wie andere sozio-kulturelle Bereiche und ›Werkzeuge‹ (z. B. gesellige Interaktion, Kleidung, Sport) ist auch die Schrift historisch variablen Normen der Stilisierung unterworfen. Die Dimension, auf die ich hier aufmerksam machen möchte, hat jedoch mit ›schönen‹ oder ›stilvollen‹ Schriftzügen, so faszinierend diese auch sein mögen, wenig zu tun. Es geht nicht um ornamentale Werte, sondern um ein breites Spektrum der den Gegenständen anhaftenden Ausdrucksmöglichkeiten, die ästhetische Reflexion freizusetzen vermag. Das soll an einigen Beispielen erläutert werden.

Wir greifen zunächst jene geheime Widmung an Susette Gontard heraus, die Hölderlin zwischen die zusammengebundenen Bände seines *Hyperion*-Romans eintrug. An diesem Eintrag sind Erkenntnisse über die emotionale Intensität der Beziehung zwischen Hölderlin und Susette Gontard, über deren Risiken und Übertretungen, über deren klandestinen Charakter zu gewinnen. Solche Einsichten in die Lebenssituation, aus der der Roman hervorging, bieten auch unentbehrliche Aufschlüsse über die Bedeutungsintention des Romans selbst. Neben den biografischen und literarhistorischen Fakten lässt die Widmung aber auch Qualitäten in Erscheinung treten, die sich in ästhetischer Kontemplation zu einer prägnanten Gestalt zusammenschließen. Die auf Mittelachse gestellten Worte lassen vom ästhetischen Standpunkt aus gesehen zunächst einen kräftigen Kontrast hervortreten: »Wem sonst / Als / Dir.« Die Dringlichkeit des Gefühls, die im Roman in die delikaten Perioden von Hölderlins Prosa sublimiert wird, durchbricht hier das klassizistische

Kunstgehäuse und fließt in die kunstlos anmutende, direkte Anrede der handschriftlichen Widmung über. [Zur Geschichte der Formel ›Wem sonst als Dir‹, die eine gewisse Tradition hat, vgl. Detlev Opitz, »Schicksale, Scheusale, Labsale – Bücher«, in: *Vom Schreiben 6. Aus der Hand oder Was mit den Büchern geschieht*, Marbach a. N. 1999, S. 26f.] Dass die ästhetische Betrachtung diese beiden Ausdruckswelten miteinander kontrastiert, setzt jedoch eine unterstellte Äquivalenz voraus, die gleichsam den Hintergrund abgibt, vor dem der Kontrast allererst sichtbar wird. In diesem Sinne gleichgesetzt sind die zwei gedruckten Bände des Romans auf der einen Seite und die Spur leibhafter Unmittelbarkeit, als welche sich die Widmung gibt, auf der anderen Seite. Roman und Widmung haben, so gesehen, gleiches Gewicht; sie sind austauschbar, bringen den gleichen Gehalt zum Ausdruck, wenn auch in sehr unterschiedlichen Kodes. Und weil die Widmung so konstruiert ist, dass ihr einziger positiver Term das Pronomen »Du« ist (»Wem sonst als ...« ist ja eine Negationsformel, die semantische Alternativen ausräumt.), ergibt sich als Implikation, dass *die ganze Gefühlswelt, welche der Roman erschließt, nichts anderes ist als eine Paraphrase jenes einzigen Wortes: »Du«*. Auch die vertikale Anordnung der Worte trägt zur maximalen semantischen Auflading des Pronomens bei. Zur Bedeutung der Widmungsgeste gehört weiterhin, dass sie eine Gabe ankündigt und begleitet. In diesem Fall bietet der Künstler mit seiner Gabe alles an: sein ganzes in den Roman eingegangenes, schöpferisches Ich. Und indem er das tut, führt er die Gabe auf die Instanz zurück, bei der sie ihren Ursprung hatte. Die Widmung ist nur die Antwort auf die Urgabe, die von der mit dem Pronomen angesprochenen Person ausging. Daher gibt es keine alternativen Rezipienten (das ist ja die Hauptimplikation der Formel »Wem sonst als ... «). Kein Selektionsakt geht der Widmung voraus. Vielmehr folgt die Gabe, deren Vollzug die Widmung ankündigt, einer Notwendigkeit: der schicksalhaften Gesetzmäßigkeit, welche die Gefühls- und Gedankenwelt des Romans an deren wahre Quelle zurückführt.

Die Notwendigkeit der Wiedergabe wurzelt in der unersetzbaren (»Wem sonst ... «) Singularität der Geliebten.

Wir bemerken weiterhin, dass der erste Band mit Zeilen endet, die den Advent einer göttlichen Schönheit verkünden, in der Menschheit und Natur vereinigt sein sollten. Dass die Widmung auf der sonst leeren Seite steht, die *auf diese Zeilen* folgt, bringt eine zweite, gleichsam lokale Äquivalenz zum Vorschein: die Äquivalenz nämlich zwischen der metaphysischen Idee des Schönen, die Hölderlin hier andeutet, und Susette Gontard selbst, die Adressatin der Widmung. Hat man all das gesehen, dann versteht man, warum sich die Widmung *zwischen* den beiden Bänden und also in der *Mitte* des Romans befinden musste. Nicht bloß aus Gründen der Diskretion und Heimlichkeit, sondern aus expressiven Gründen hat die Widmung dort ihren Platz. Das Pronomen »Du« bezieht sich auf das eigentliche *Herz* des Romans, auf dessen animierendes Ideal. Hölderlins Widmung etabliert eine ästhetische Ordnung, die sowohl die Schriftspur als auch den Roman, dem sie eingeschrieben wurde, umfasst. Innerhalb dieser Ordnung von Kontrast- und Äquivalenzbezügen bildet sich eine Ökonomie des semantischen und affektiven Tausches – eine Ökonomie der Gabe – ab, die sich auf ein weit verbreitetes romantisches Paradigma zurückführen ließe. [Vgl. David E. Wellbery, The Specular Moment. Goethe's Early Lyric and the Beginnings of Romanticism, Stanford (Cal.) 1996.]

Das zweite Objekt, das wir in diesem Kontext hervorheben wollen, wurzelt in einer ganz anderen mythischen und intellektuellen Welt, auch wenn es sich in einem gewissen Sinne ebenfalls um die Spur einer verbotenen Beziehung handelt. Gemeint ist die kleine Notiz, die Friedrich Nietzsche am 25. August 1882 für Lou Andreas-Salomé verfasste: »Zu Bett. Heftigster / Anfall. Ich verachte / das Leben. / FN.« Die Faszination, die dieser Text ausstrahlt, rührt daher, dass er zwischen einer rein pragmatischen Kommunikation einerseits und einem freistehendem Werk andererseits oszilliert. So schlägt er einen ästhetisch prägnanten Bogen von den Ereignissen im persönlichen Leben Nietzsches zu den zentralen Themen seines Denkens. Um dies zu sehen, muss man sich allerdings die Situation vergegenwärtigen, in der das beschriftete Blatt entstand.

Im Juni 1882 zog sich Nietzsche in das Dorf Tautenburg in Thüringen zurück, nicht weit vom Dornburger Schloss, wo sich Goethe ein halbes Jahrhundert früher von einem schweren emotionalen Schlag – ausgelöst durch den Tod des Herzogs Carl August im Juli 1828 – erholt hatte. Den ruhigen, abgelegenen Ort hatte Nietzsches Schwester Elisabeth für ihren Bruder ausgekundschaftet. Kaum angekommen, wandte sich Nietzsche brieflich an Lou mit dem Vorschlag, dass auch sie den August in Tautenburg verbringen sollte. Seinem Plan nach würden Lou und Elisabeth im Haus des Pfarrers Zimmer einziehen, während er selbst unweit davon in einer Pension seine Unterkunft hätte. Seit Nietzsche und Lou sich im April des gleichen Jahres im Petersdom in Rom erstmals begegnet waren, standen sie zusammen mit dem Schriftsteller Paul Rée in einem hoch idealisierten, emotional zweideutigen Dreiecksverhältnis, das sie – wohl in Anspielung auf den Ort ihrer ersten Begegnung – ihre ›Dreieinigkeit‹ nannten. Der langfristige Plan für den Bund sah ein gemeinsames Studium in Paris oder Wien im Zeichen des einheitlichen Lebensentwurfes vor. Für die Dauer des Tautenburger Urlaubs jedoch sollten Nietzsche und Lou allein sein, wenn auch unter der Aufsicht der Anstandsdame Elisabeth. Wie der Einladungsbrief vom 26. Juni zeigt, war Nietzsches *pädagogische* Absicht mit Zeugungsphantasien und Träumen von einem literarisch-philosophischen Nachleben verquickt: »ich wünschte sehr, Ihr *Lehrer* sein zu dürfen. Zuletzt, um die ganz Wahrheit zu sagen: ich suche jetzt nach Menschen, welche meine Erben sein könnten; ich trage Einiges mit mir herum, was durchaus nicht in meinen Büchern zu lesen ist – und suche mir dafür das schönste und fruchtbarste Ackerland.« [Friedrich Nietzsche, *Sämtliche Briefe. Kritische Studienausgabe in 8 Bänden* (KSB), hrsg. von Giorgio Colli und Mazzino Montinari, Bd. 6, München 1986, S. 211.]

Angesichts der komplexen Verflechtung von Nietzsches Motiven sowie des Konfliktpotenzials in der Beziehung zwischen der ebenso brillanten wie attraktiven Lou und der zur moralisierenden Empörung neigenden Elisabeth war ein Disaster geradezu vorprogrammiert. Am 26. August reiste Lou ab, und Nietzsche musste sich Vorwürfen und Beleidigungen der Schwester und später der Mutter aussetzen. Die Korrespondenz mit Lou setzte sich fort, die Studienpläne blieben ein Thema, und von der Vertonung eines Gedichts von Lou, auf das zurückzukommen sein wird, versprach sich Nietzsche ein gemeinsames Nachleben der beiden [ebd., S. 260]. Im Oktober kam die ›Dreieinigkeit‹ in Leipzig auf drei Wochen wieder zusammen, wobei sich interne Spannungen aufgrund von Nietzsches Eifersucht immer bemerkbarer machten. Es sollte die letzte Begegnung zwischen Nietzsche und Lou werden. Kurz nach der Abreise Lous und Rées gab Nietzsche den Parisplan auf, fuhr stattdessen nach Italien zurück, »mehr Einsiedler als je« [ebd., S. 288]. Zunehmend verbittert und anklagend wurden die oft Fragment gebliebenen Briefe an Lou und Rée. Zum Jahresende kam es zum endgültigen Bruch. Damit hatte die Episode ihr wenig überraschendes Ende: Nietzsche fühlt sich enttäuscht und verraten, von Freunden und Familie entfremdet, in eisiger Einsamkeit. In diesem Zustand beginnt er die Niederschrift von *Also sprach Zarathustra*, dessen Held sein Einsiedlerdasein aufgibt, um seine Botschaft zu den Menschen zu bringen. Danach muss er, wie Nietzsche vor ihm, bittere Enttäuschung erleben, worauf er sich wieder in die Isolation seines Einsiedlerdaseins begibt.

Damit ist der biografische Zusammenhang skizziert, innerhalb dessen die kleine Notiz, der unsere Aufmerksamkeit gilt, ihren Ort hat. Die Tautenburger Tage werden von zwei Themen dominiert. Das erste Thema wurde schon angesprochen: das pädagogische Verhältnis zwischen Nietzsche in der Rolle des Lehrers und Lou in der Rolle der Schülerin. In Lou meinte Nietzsche zum ersten Mal jemanden gefunden zu haben, der dazu fähig war, seine Lehre nicht nur zu verstehen, sondern auch zu leben. Ihre gemeinsamen Tage waren vom Strom des Dialogs getragen. Die Gespräche dauerten – so Lou im Rückblick – bis zu zehn Stunden. Aber der pädagogische Prozess vollzog sich auch im Medium der Schrift. Der Tautenburger Idylle verdanken wir sogar einen der wahren Schätze aus Nietzsches Feder: zehn knappe Thesen, welche die Überschrift *Zur Lehre vom Stil* tragen. Die erste und die fünfte These, zusammengenommen ein Schlüssel zu Nietzsches eigenem Schreiben, seien in Erinnerung gerufen: »1. Das Erste, was noth thut, ist Leben: der Stil soll *leben*.« »5. Der Reichthum an Leben verräth sich durch *Reichthum an Gebärden*. Man muß Alles, Länge und Kürze der Sätze, die Interpunktionen, die Wahl der Worte, die Pausen, die Reihenfolge der Argumente – als Gebärden empfinden lernen.« [Ebd., S. 244.] Im Zusammenhang mit der Notiz vom 25. August ist die Art, wie Nietzsche seine Lehre vom Stil abschließt, von besonderem Interesse. Auf der rechten Seite des Blattes, unter den zehn Geboten des guten Stils, stehen eine Unterschrift und ein Gruß: »F. N. / Einen guten Morgen, / meine liebe Lou!« [Ebd., S. 245.] Offenbar hat Nietzsche die kleine Schrift als Frühmorgenübung für seine Schülerin beim Pfarrhaus, wo Lou und Elisabeth wohnten, zurückgelassen. Dies scheint die normale Praxis gewesen zu sein. Überliefert ist auch eine Reihe von Sätzen zu diversen Themen (Heroismus, Unterschied zwischen männlicher und weiblicher Erotik, menschliche Größe), die eine ähnliche Unterschrift trägt, sowie drei gereimte Zeilenpaare mit dem Titel *Im Sommer 1876*. [Ebd., S. 242 f., 245.] Auch diese Dokumente sind mit »FN« unterzeichnet, wobei die Stellung der Unterschrift bei der Stillehre besonders interessant ist. Zwischen den Thesen einerseits und dem Grußwort andererseits haben die Initialen eine doppelte Referenz: Sie verweisen zum einen auf den *Autor* der nummerierten Thesen, zum anderen auf das Individuum Nietzsche in der persönlichen Rolle, sagen wir, des Urlaubsbegleiters. Die gleiche Dualität (Autorrolle/Privatindividuum) wohnt, wie wir gleich sehen werden, der kleinen Notiz »Zu Bett« inne.

Das zweite Thema, das die Tautenburger Gespräche durchwebt, ist *der Schmerz*. Nietzsche, dessen Leiden – Migräne, Augenschmerzen, chronische Übelkeit – geradezu legendär sind, hielt Lous Gesundheitszustand für noch gefährdeter als den eigenen und spekulierte sogar, dass sie noch vor ihm sterben könne. Aber auch als allgemeiner Begriff, dem für die Frage nach dem Lebenssinn besondere Bedeutung zukommt, wurde in den pädagogischen Gesprächen der Schmerz behandelt. Noch vor ihrer Ankunft hatte Lou an Nietzsche ein *An den Schmerz* überschriebenes Gedicht geschickt, das Nietzsche später an den Freund und Komponisten Heinrich Köselitz in der Hoffnung weiterleitete, dieser könne es vertonen. Dazu schreibt er: »Es [das Gedicht] gehört zu den Dingen, die eine vollständige Gewalt über mich haben, ich habe es noch nie ohne Thränen lesen können; es klingt wie eine Stimme, auf welche ich seit meiner Kindheit gewartet und gewartet habe.« [Ebd., S. 223.] Eine Strophe aus dem Gedicht lässt mit einiger Sicherheit mutmaßen, von welch heroischem Pathos der von Nietzsche und Lou geführte Schmerzdiskurs getragen wurde: »Und drum, kannst du mir nur für Glück und Lust / Das Eine, Schmerz, die *ächte Größe* geben, / Dann komm und laß uns ringen, Brust an Brust, / Dann komm und sei es auch um Tod und Leben –« [KSB 6, S. 214.]« Diese Verse wiederholen Gedanken, die aus Nietzsches Schriften bekannt sind. Weil Schmerz und Leiden unvermeidlich zum Leben gehören, muss eine Rechtfertigung des Daseins gefunden werden, die das Weiterleben sinnvoll macht, ohne sich auf optimistischen Illusionen zu stützen. Die Lösung dieses Problems, die Lous Gedicht *An den Schmerz* sowie ein zweites Gedicht – *Gebet an das Leben* – vorführt, kann man als Sinngebung durch heroischen Widerstand umschreiben. Der Schmerz, dem man als Herausforderung der eigenen Fähigkeit zur Größe begegnet, ist gleichsam Sprungbrett zu einer Affirmation, die das Dasein auch im Untergang rechtfertigt. So schließt das *Gebet an das Leben*, das Nietzsche später in der Hoffnung auf einen ihn mit Lou verbindenden Nachruhm vertont hat, mit folgender Anrede an das Leben: »Hast du kein Glück mehr übrig mir zu geben, / Wohlan – so gieb mir deine Pein.« [Ebd., S. 249.]

Bei beiden poetischen Formulierungen handelt es sich um das, was Nietzsche später »Ja-sagen« nennen wird: die Lebensbejahung auch angesichts unentrinnbaren Leidens. Entscheidend ist es, sich nicht vom Leben abzuwenden, sondern es zu umfassen, »ringend«, wie Lou mit unbewusster Komik schreibt, »Brust an Brust«.

Dies sind die Lebensumstände sowie deren ins Pathetische einmündende ideologische Ausdeutung, vor denen sich die ästhetische Dichte der kleinen Notiz vom 25. August (»Zu Bett«) erweist. Auf der einen Seite erfüllt die Notiz eine rein pragmatische Funktion. Sie informiert Lou, dass Nietzsche aufgrund eines vehementen Migräneanfalls indisponiert sei und also nicht wie verabredet oder einfach vorausgesetzt werde erscheinen können. Am nächsten Tag wird der Frühaufsteher, noch bevor Lou aufwacht, ein anderes Blatt zum Pfarrhaus herüberbringen, mit dem er die kurzfristige Kündigung der Pläne am vorigen Tag entschuldigt: »Pardon für gestern! Ein heftiger Anfall meines dummen Kopfleidens – heute vorbei.« [Ebd., S. 246.] In diesem lebenspraktischen Zusammenhang gesehen, beziehen sich die Initialen »FN.«, die auf unserem Blatt stehen, auf das Individuum Nietzsche, das an jenem Augusttag an fürchterlichen Kopfschmerzen litt und daher einen vorher ausgemachten Termin nicht wahrzunehmen vermochte. Und die Bedeutung des Blattes erschöpft sich in der Übermittlung dieser Information. In einer anderen Hinsicht jedoch übersteigt das Blatt seine rein pragmatische Funktion und wird Teil von Nietzsches bleibendem Œuvre. Hier beziehen sich die Initialen auf eine Autorrolle, die sich allererst im Werk Existenz verschafft. Mit der kleinen Notiz erhebt sich Nietzsche über den ephemeren Augenblick, und dieser Akt der Selbsterhebung und Selbstüberwindung sollte nicht nur vor Lou, sondern auch vor der Nachwelt vollzogen werden.

Das, was das Blatt aus der momentanen Gebrauchssituation heraushebt und in den Status eines »eminenten Textes« [vgl. Hans-Georg Gadamer, *Gesammelte Werke*, Bd. 8, Tübingen 1993, S. 286–295] versetzt, ist natürlich der Satz, der keine bloße Information vermittelt, sondern eine *Wertschätzung*: »Ich verachte das Leben.« Mit diesem Satz entwindet sich Nietzsche dem Schmerz, der ihn nichtsdestoweniger in seinen Krallen festhält, und nimmt einen Standpunkt ein, von dem aus nicht nur der aktuelle Schmerz, sondern das ganze Leben als banal und vielleicht dumm, auf jeden Fall als gemein und daher verachtungswürdig erscheint. Die Haltung der »Verachtung« ist eine Komponente dessen, was Nietzsche »Pathos der Distanz« nannte: das unterscheidende Merkmal des »vornehmen« Typus. An der Notiz wird mit anderen Worten der lebensgeschichtliche Ursprung von Nietzsches Vornehmheitspathos sichtbar. Der Kernsatz »Ich verachte das Leben« ist die rhetorische Performanz der Vornehmheit, jener Eigenschaft, in die sich die Autorpersona ›Nietzsche‹ zu kleiden pflegte.

Das Ergebnis dieser Reflexion scheint allerdings insofern paradox zu sein, als die Verachtung des Lebens mit dessen heroischer Affirmation, die den Kern von Nietzsches und Lous Schmerzdiskurs ausmachte, schwer zu versöhnen ist. Zeigt sich nicht in der Lebensverachtung eine Abwendung vom Leben und damit das Scheitern der Daseinsrechtfertigung? Die Antwort auf diese Frage, zu der Nietzsche schließlich gelangen wird, lautet: ja und nein. So enthält der erste Teil von *Also sprach Zarathustra*, der in den Monaten unmittelbar nach dem Bruch mit Lou verfasst wurde, ein Kapitel mit der Überschrift »Von den Verächtern des Leibes«, das solche Verachtung auf das Unvermögen ›über sich hinaus zu schaffen‹ zurückführt. [Vgl. Friedrich Nietzsche, *Sämtliche Werke. Kritische Studienausgabe* (KSA), hrsg. von Giorgio Colli und Mazzino Montinari, München 1988, Bd. 4, S. 40.] Auf der anderen Seite gelangte Nietzsche zur Überzeugung, dass in solchen Akten der Negation das Leben sich trotzdem einen Sinn und damit einen Grund zum Fortleben gibt, sei es auch der Sinn der Verneinung. Mit Blick auf Nietzsches *Lehre vom Stil* lässt sich sagen, dass die Äußerung »Ich verachte das Leben«, was ihr Inhalt auch sei, eine Lebensgebärde und als solche ein Zeugnis der sich bejahenden Vitalität ist. Das Paradox der Notiz an Lou besteht also darin, dass sich die Negation als Affirmation entpuppt. In *Zur Genealogie der Moral* (1887) wird Nietzsche später eine subtile Analyse des ›asketischen Priesters‹ ausfalten, die dieses Paradox explizit macht: »Man versteht mich bereits: dieser asketische Priester, dieser anscheinende Feind des Lebens, dieser *Verneinende*, – er gerade gehört zu den ganz grossen *conservierenden* und *Ja-schaffenden* Gewalten des Lebens«. [KSA, Bd. 5, S. 366.] Als eminenter Text gelesen, bindet Nietzsches Notiz an Lou den Akt der Selbsttranszendenz – des ›Über-sich-hinaus-Schaffens‹ – in eine prägnante Schriftgebärde ein. So belanglos sie in ihrer alltäglichen Funktion gewesen sein mag, stellt sie ein Stilexperiment dar, das auf Nietzsches Spätwerk von *Zarathustra* an vorausweist.

Die hier thematisierte ästhetische Dimension von Objekten verdankt sich ihrer Fähigkeit, in wahrnehmbaren und lesbaren Arrangements weit ausgreifende kontextuelle Sinnbezüge zu verkörpern. Wie die Beispiele von Hölderlin und Nietzsche zeigen, ist die ästhetische Dimension der Artefakte in spezifische historische und persönliche Umstände eingebettet; die Formen sind durchaus okkasionell, kontingent. Es gibt hier – im Gegensatz zum Feld der Kunst – keine festen Gattungen; das ästhetische Potenzial entzündet sich je anders und immer unerwartet. Ein zweiter Unterschied zum Bereich der Kunst besteht darin, dass die Prägnanz nicht unbedingt beabsichtigt sein muss.

Als David Friedrich Strauß, dem wir oben als Biograf Ulrich von Huttens begegnet sind, in seinem Kollegheft festhielt, dass Hegel am 14. November 1831 der Cholera erlegen war, konnte er unmöglich ahnen, welch semantische Dichte der Vermerk seiner Betroffenheit mit der Zeit gewinnen würde. Heute ist es unmöglich, auf diese Seite zu schauen, ohne zu denken, dass er nicht nur die emotionale Reaktion des Studenten Strauß auf die Nachricht vom Tod des verehrten Universitätslehrers registriert, sondern auch mit großer Ausdruckskraft einen geistesgeschichtlichen Wendepunkt markiert. Die Ära des absoluten Geistes findet im grafischen Zeichen des Sterbekreuzes sein Ende. Es scheint, als ob Hegels Versuch, die noch mythische Sprache religiöser Vorstellung in die philosophische Artikulation des Begriffs zu überführen, an der unaufhebbaren Sterblichkeit des Menschen gescheitert wäre. Nur vier Jahre später sollte der 27-jährige Strauß seine kontrovers diskutierte Studie *Das Leben Jesu* veröffentlichen, jene Entmythologisierung, die sowohl einem robusten Atheismus als auch einer existenziell gefärbten Theologie den Weg bahnen sollte. Der Tod Gottes, die unaufhebbare Endlichkeit des menschlichen Denkens, die Rätselhaftigkeit der Existenz: Aus heutiger Sicht verdichten sich diese großen Themen des späten 19. und frühen 20. Jahrhunderts in jenem spontan gezeichneten Sterbekreuz zur momentanen Evidenz.

Unsere Ausführungen zur ästhetischen Dimension von Objekten setzen eine Unterscheidung voraus, die hier kurz erläutert werden soll. Nicht nur von der philologischen Bedeutung der Artefakte, sondern auch vom *Wert der Echtheit* hebt sich nämlich der hier angesprochene ästhetische Aspekt ab. Echtheit ist als kausal-materiale Kontinuität mit einem singulären und, aus welchen Gründen auch immer, in Ehren gehaltenen Ursprung zu definieren. Die Faszination der Echtheit ist jener magischen Kraft vergleichbar, die bestimmten Gegenständen aufgrund vergangener Kontiguitätsbeziehungen zu Personen zugeschrieben wird. An fast jedem Objekt der Marbacher Ausstellungen könnte man den Wert der Echtheit belegen. Da es aber hier darum geht, die Kategorien des Echten und des Ästhetischen zu unterscheiden, greifen wir als Beispiel das Manuskript von Hugo von Hofmannsthals (1874–1929) Terzinen *Über Vergänglichkeit* heraus. In Amerika ist Hofmannsthal hauptsächlich aufgrund seiner

Zusammenarbeit mit Richard Strauß bekannt, aber deutschsprachige Leser werden seine lyrischen Gedichte, fast gänzlich das Produkt seiner Jugend, als eine der wahrhaft großen Leistungen in dieser Gattung schätzen, welche die moderne Literatur vorzuweisen hat. Hofmannsthals Terzinen gehören aufgrund der auffallend souveränen Handhabung der Versform, der Reinheit ihres Tons und nicht zuletzt aufgrund ihrer sowohl unangestrengten als auch tief greifenden Evokation der Geheimnisse der Zeitlichkeit, zu den überzeugendsten Schöpfungen des Dichters. Das Marbacher Manuskript des 1896 in Stefan Georges *Blättern für die Kunst* veröffentlichten Gedichtes stammt aus dem Nachlass des *Pan*-Redakteurs Cäsar Flaischlen (in der Zeitschrift *Pan* erschienen 1895 weitere Terzinen Hofmannsthals). Es ist von geringer philologischer Aufschlusskraft. Vergleicht man das Original mit der publizierten Version, dann wird man einige geringfügige Änderungen konstatieren: die Streichung des Mottos von Heraklit; eine Umstellung der Wortsequenz in der ersten Zeile; die Hinzufügung eines Kommas, und also einer Pause, in der dritten. Und vielleicht lässt die minimale Hochstellung und grafische Isolierung des Wortes »Haar« am Ende der beiden letzten Zeilen etwas von der Bedeutung des zur bloßen Repetition kollabierten Reims erkennen, die in der Druckfassung allzu leicht übersehen wird. Solche interpretatorischen Einsichten ließen sich allerdings einer präzisen Beschreibung des Manuskripts abgewinnen. Sie verdanken sich zwar der Autopsie, sind aber von dieser abtrennbar. Unersetzbar ist das Manuskript nicht wegen des Sinns, den es erschließen lässt, sondern wegen der kausal-materialen Kontinuität mit dem Schreibakt Hofmannsthals. Nicht die Vermittlung der Sinnintention macht den Wert des Manuskripts aus, sondern die Herkunft aus Hofmannsthals Hand. Seit der Wiederentdeckung von Walter Benjamins Abhandlung *Das Kunstwerk im Zeitalter seiner technischen Reproduzierbarkeit* gehört es zur guten Form, gegen den Kultus der Echtheit anzuschreiben. Aber könnte man in Wirklichkeit eine kulturelle Ordnung gutheißen, die Gegenstände, die durch Kausalität und materiale Kontinuität an signifikante Ursprünge gebunden sind, nicht in Ehre hielte? Die Antwort ist evident und bedarf keiner ausführlichen Begründung. Der Punkt, den wir am Beispiel von Hofmannsthals Manuskript herauszustellen bestrebt sind, ist allerdings ein anderer: Es trifft zwar zu, dass sowohl die Echtheit als auch die ästhetische Ausdruckskraft an die materiale Existenz des Gegenstandes unlöslich gebunden sind, dafür aber sind sie keineswegs identisch. Hofmannsthals Manuskript strahlt deswegen eine Faszination aus, weil es von dem auf fast unfassbare Weise begabten jungen Dichter in direkter Deszendenz auf uns gekommen ist, und weil es mit einem singulären und hoch bedeutsamen kulturgeschichtlichen Moment (Stichwort: *Blätter für die Kunst/Pan*) verknüpft ist. Gleichzeitig aber entbehrt das Manuskript fast gänzlich der ästhetischen Prägnanz.

Ein letztes Mal soll die ästhetische Lektüre von Gegenständen aus dem Archiv erprobt werden. Und zwar an dem Brief, den Heinrich von Kleist am 21. Dezember 1807 an den Tübinger Verleger Johann Friedrich Cotta richtete. Kleists Ziel bei der Verfassung des Briefs war es, Cottas Unterstützung für eine Monatsschrift für Literatur und Kunst zu gewinnen, die er gemeinsam mit Adam Müller unter dem anspruchsvollen Titel *Phöbus* in Dresden herausbringen wollte. Dem Brief beigelegt war eine Ankündigung der Zeitschrift, die Kleist in Cottas Zeitung *Morgenblatt für gebildete Stände* veröffentlicht wissen wollte. Wenige Monate vorher hatte Kleist seine Novelle *Jeronimo und Josephe* im *Morgenblatt* veröffentlicht, woran er im Brief anknüpft. Kleists Anliegen ging in Erfüllung. Die Ankündigung erschien zunächst in einer Kurzfassung am 4. Januar 1808 und dann eine Woche später in vollständiger Form. Damit ist die literaturgeschichtliche Einbettung des Briefes angedeutet. Vom ästhetischen Gesichtspunkt aus, den wir hier einnehmen, liegt die Signifikanz des Briefes darin, dass er die existenzielle Bedeutsamkeit epistolarischer Kommunikation in einem sozialen Kontext heraus-stellt, der durch deutlich artikulierte, persönlich verankerte Hierarchien geprägt ist. Aufgrund seiner Erfahrung beim preußischen Militär sowie seiner finanziellen Misere hatte Kleist ein differenziertes Verständnis solcher Verhältnisse. Er wusste, was es heißt, wenn die eigene Position in der Gesellschaft sowie das eigene finanzielle Wohlergehen gänzlich von Entscheidungen abhängen, die sozial höher gestellte Einzelne treffen. Auch die rhetorische Kunst, deren geschickte Handhabung Voraussetzung des Erfolgs in einer solchen Sozialstruktur ist, war ihm geläufig: eine Kunst ritueller Lobesformeln, die eine Kette von Prämissen – womöglich unbemerkt – in den Diskurs einflicht, welche zwingend zum angestrebten Ergebnis führt; eine Kunst, die zwischen Selbstempfehlung und Selbstzurücknahme ein prekäres Gleichgewicht herstellt. Kleists Brief an Cotta verkörpert diese vielschichtige Rhetorik vollkommen. Selbst die Disposition des Briefs auf dem Papier und die ornamentalen Schriftzüge zeugen von der Situation der Abhängigkeit, die Kleist mit seinem Brief an Cotta zu bewältigen sucht, auch wenn es sich im Wesentlichen um eine kommerzielle Transaktion handelt. Für das Verständnis von Kleists Briefrhetorik ist es nicht unwichtig zu wissen, dass die wahrscheinlich von Adam Müller verfasste Ankündigung das Resultat, das der Brief erreichen sollte, als gegeben voraussetzt, nämlich, dass Cottas Verlag für den südwestdeutschen Bereich Abonnements entgegennehmen soll. Die Behauptung, man habe Grund, Goethes Teilnahme an dem Projekt zu erhoffen, mag übertrieben gewesen sein. Vier Tage vorher hatte sich Müller an Goethe mit der Bitte gewendet, er möge der Zeitschrift einen Beitrag gönnen. Ein Brief, den seinerseits Kleist am 24. Januar 1808 an Goethe zusammen mit dem ersten Heft des *Phöbus* sandte, lässt vermuten, dass Goethe seine Bereitschaft zur Mitarbeit entweder direkt oder indirekt signalisiert hatte, aber es gibt keinen Beweis dafür, dass Kleist zur Zeit der Verfassung des Briefes an Cotta einen Anhaltspunkt für seinen Goethe betreffenden Optimismus hatte. Wahrscheinlich ist also auch das unterstellte Interesse Goethes an dem journalistischen Projekt ein Bluff. Wie sich herausstellte, hielt sich Goethe von der kurzlebigen Zeitschrift fern, auch wenn eine zweite Ankündigung mit seiner »Gunst« prahlte. Wenn also Kleists Brief an Cotta sich als eine einzige schriftliche Verbeugung vor dem Verleger gestaltet, dann nicht zuletzt deswegen, weil er pokernd Risiken eingeht. Im oben erwähnten Brief an Goethe präsentierte sich Kleist seinem Adressaten, auf dessen Anerkennung und Förderung er angewiesen war, mit einer Geste radikaler Ergebenheit: »auf den Knieen meines Herzens« [Heinrich von Kleist, *Sämtliche Werke und Briefe*, Bd. 4: *Briefe von und an Heinrich von Kleist*, hrsg. von Klaus Müller-Salget und Stefan Ormanns, Frankfurt a. M. 1997, S. 407]. Er war mit anderen Worten in der Lage, seine tiefsten Hoffnungen und damit sein ganzes Gefühlsleben auf den Erfolg eines epistolarischen Appells ankommen zu lassen. Wie seine Dramen und Erzählungen hinreichend klar machen, war Kleist sich dabei der Ungewissheiten bewusst, die jeder schriftlichen Kommunikation anhaften. Genau diese eigenartige Kombination von totaler subjektiver Investition einerseits und völliger Unkontrollierbarkeit der Umstände und damit des Ausgangs andererseits konstituiert das Pathos von Kleists Texten. Der Brief an Cotta verleiht diesem Pathos sichtbaren und beredten Ausdruck.

DEUTSCHE KLASSIK IN AMERIKA

Weil wir zu Beginn Kafkas *Heizer* sowie die an ihm aufzeigbaren deutsch-amerikanischen Verflechtungen primär im Blick hatten, könnte der Eindruck entstehen, dass die dort eingenommene transnationale Perspektive ausschließlich für die moderne Literatur ergiebig sei. Selbstverständlich trifft es zu, dass die Verkehrs- und Kommunikationsbedingungen, die das 20. Jahrhundert prägten, den internationalen Charakter kultureller Produktion und Dissemination besonders intensivierten, aber das heißt lange nicht, dass transnationale kulturelle Netzwerke ausschließlich ein Phänomen der letzten hundert Jahre sind. Vielleicht bringt kein anderer Gegenstand der Marbacher Ausstellung diesen Sachverhalt pointierter zum Ausdruck als die Abschrift eines knappen Zeitungsberichts, der die Ankunft Alexander von Humboldts und Aimé Bonplands nach ihrer fünfjährigen Forschungsreise in der Karibik und in Südamerika am 6. August 1804 in Bordeaux festhält. Jene Reise, deren wissenschaftliche Erträge heute als die Grundlage der modernen Disziplinen der physikalischen Geografie und der Meteorologie angesehen werden, hatte sich mit einem einjährigen Aufenthalt in Mexiko und anschließend in den Vereinigten Staaten gerundet. Auch in der noch jungen amerikanischen Republik stießen die Forschungen Humboldts und Bonplands auf reges Interesse, unter anderem bei dem damaligen Präsidenten Thomas Jefferson. Nach ergiebigen Gesprächen stach man schließlich von der Mündung des Delaware-Flusses in See und fuhr in Richtung Europa.

Das Tagebuch, das Humboldt in Mexiko führte, enthält eine eindringliche Formulierung, die den Kerngedanken seines Naturbildes in äußerst gedrängter Form zusammenfasst: »Alles ist Wechselwirkung.« [Alexander von Humboldt, *Reise auf dem Rio Magdalena durch die Anden und Mexico*, hrsg. von Margot Frank, Bd. 1, Berlin 1986, S. 358.] Der Begriff der »Wechselwirkung« stammt höchstwahrscheinlich von Johann Gottlieb Fichte, dessen philosophische Hoch-Zeit in Jena (1794/95) mit Humboldts Aufenthalt dort im Kreis von Goethe und Schiller zeitlich zusammenfiel. Er beinhaltet die Einsicht, dass sich Naturgegenstände in ihrem besonderen Charakter durch zirkuläre Kausalität hervorbringen. Das Wort »Alles ist Wechselwirkung« ist also primär als naturphilosophische These gemeint, aber es lässt sich auch als Ausdruck eines wichtigen Aspekts von Humboldts wissenschaftlicher Praxis auslegen. Denn Humboldts Forschungstätigkeit macht deutlich, dass die Produktion naturwissenschaftlicher Erkenntnisse auf dem Austausch von Kommunikationen beruht. Humboldt ist der paradigmatische Fall des modernen Netzwerkers. Seine weitläufigen internationalen Beziehungen, gestützt durch seine politischen Verbindungen zu höchsten Kreisen und später durch seinen immensen Ruhm, waren Möglichkeitsbedingung seines wissenschaftlichen Arbeitens. Insofern konstituiert sein Leben und Wirken einen besonders ergiebigen Gegenstand für einen transnationalen Ansatz in der Kulturgeschichtsschreibung.

In der Tat bietet Humboldts Karriere mehrfachen Zugang zur kulturellen Wechselwirkung zwischen den USA und den deutschsprachigen Ländern während der ersten Jahrzehnte des 19. Jahrhunderts. Ein besonders interessantes Beispiel ist Humboldts Beziehung zu Franz Lieber (1798–1872). Humboldt machte Liebers Bekanntschaft in Rom, wo dieser wegen subversiver Tätigkeiten während seines Studiums in Jena im politischen Exil war. Zusammen mit dem preußischen Botschafter beim Vatikan, Barthold Niebuhr, bei dem sich Lieber als Hauslehrer betätigte, konnte Humboldt beim König die Begnadigung Liebers erfolgreich beantragen, was dessen Rückkehr nach Berlin ermöglichte. Dort frequentierte Lieber den Salon von Henriette Herz, wo er unter anderen Alexanders Bruder Wilhelm kennenlernen konnte. Auch Alexander traf er wieder. Im Jahre 1824 wurde er irrtümlich wegen Staatsverrats verhaftet. Zwei Jahre später gelang es ihm nach England zu entkommen, wo er sich kurz aufhielt, ehe er in die USA emigrierte. 1827 landete Lieber in Boston und änderte darauf hin seinen Vornamen zu Francis. In Boston fand er in einem Kreis von Intellektuellen Aufnahme, der sich die Herausbildung einer amerikanischen Nationalkultur zum Ziel gesetzt hatte. Unter ihnen waren Edward Everett (1794–1865) und George Bancroft (1800–1891), Herausgeber und Mitarbeiter der Zeitschrift *North American Review*. Beide hatten an der Universität Göttingen studiert.

Beiträge von Everett und Bancroft in der *New American Review* stellten die Werke Herders, Goethes und Schillers einer amerikanischen Öffentlichkeit erstmalig vor. Um es anders zu formulieren: Die Aufsätze von Everett und Bancroft sowie das Milieu, dem sie entstammten, legten das intellektuelle Fundament zur amerikanischen Umformulierung der Leitideen der deutschen Klassik. Dabei sollte man im Blick behalten, dass sich diese Übertragung und Umbesetzung von Ideengut in ständigem Austausch zwischen amerikanischen und deutschen Intellektuellen entfaltete. Lieber, um auf ihn zurückzukommen, korrespondierte mit Wilhelm von Humboldt, dem er die neuesten Publikationen über die Sprachen der Indianer Nordamerikas zukommen ließ. Seit 1819 gehörte die systematische Beschreibung dieser Sprachen zu den Forschungszielen der *American Philosophical Society*. Humboldt seinerseits schickte mehrere eigene Veröffentlichungen, darunter seine Korrespondenz mit Schiller. [Vgl. Kurt Mueller-Vollmer, »German-American Cultural Interaction in the Jacksonian Era: Six Unpublished Letters by Francis Lieber and John Pickering to Wilhelm von Humboldt«, in: *Die Unterrichtspraxis/Teaching German* 31 (1998), H.1, S.1–11.] Zwischen 1829 und 1833 gab Lieber die dreizehnbändige *Encyclopedia Americana* – die erste solche Publikation in der Geschichte der Republik – heraus. Lieber selbst hatte das groß angelegte Projekt konzipiert, wobei er mit der enthusiastischen Unterstützung seiner Bostoner Intellektuellenfreunde rechnen konnte. Vorbild des ›amerikanischen‹ Nachschlagewerks war – worauf die Titelseite stolz hinweist – die siebte Auflage des von Brockhaus veröffentlichten *Conversations-Lexicons*. Man staunt über die Fülle der oft sehr substanziellen Beiträge zu deutschen Autoren. Goethe, der noch lebte, als der ihm gewidmete Beitrag erschien, wird über sechs Spalten sehr sachkundig behandelt; kurz davor kann man einen kurzen Eintrag über den heute in Vergessenheit geratenen Leopold Friedrich Günther von Göckingck (1748–1828) lesen. Zu den vielen Beiträgen, die Lieber selbst verfasste, gehört der Artikel über Schiller. Darin nimmt Lieber wesentliche Einsichten des Aufsatzes Wilhelm von Humboldts *Über Schiller und den Gang seiner Geistesentwicklung* auf. Ihn hatte Humboldt ja als Einleitung zu seiner Korrespondenz mit Schiller veröffentlicht, welche zu den an Lieber nach Boston geschickten Publikationen gehörte.

Der Brief Schillers an Gottfried Körner vom 23. Februar 1793, den wir für die Marbacher Ausstellung ausgewählt haben, belegt auf eindrucksvolle Weise die in Humboldts brillantem Essay vertretene Ansicht, der zufolge das *selbsttätige Denken* im Gegensatz zur empirischen Beobachtung Schillers Geist seine maßgebliche Richtung gab. In seinem Brief an Körner greift Schiller die Form der Schlangenlinie auf, die seit Hogarths *Analysis of Beauty* (1753) in Diskussionen zur ästhetischen Theorie kanonisch geworden war, und verwendet sie für seine eigene Argumentation. Dass die Schlangenlinie ästhetisch gefällt und also schön ist, wird vorausgesetzt. Die Frage, die es zu beantworten gilt, lautet aber: Welcher Begriff von Schönheit liefert eine Erklärung dafür, warum dem so ist? Durch Konstruktion eines ingeniösen Gegenbeispiels vermag Schiller zu zeigen, dass die Definition Alexander Gottlieb Baumgartens (1714–1762), Schönheit sei sinnlich wahrgenommene Vollkommenheit, deswegen ungenügend ist, weil sie auch geometrische Muster umfasst, die in uns kein Gefallen auslösen. Schillers eigene Definition hingegen – dass Schönheit Freiheit in der Erscheinung sei – hält eine Erklärung des Unterschiedes zwischen den von den beiden Linien ausgelösten Reaktionen bereit. Denn die Schlangenlinie, die keine Fremdbestimmung verrät und aus der eigenen Bewegung heraus sich zu gestalten scheint, ist im Schiller'schen Sinne ›frei‹. Das Interesse des Briefes liegt jedoch nicht so sehr im Inhalt als in der spürbaren Energie der argumentativen Durchführung. Die so genannten *Kallias Briefe* an Körner sind ein intellektuelles Experimentierfeld und ein Zeugnis des von Humboldt besonders herausgestrichenen dynamisch-dialogischen Zuges von Schillers Denken. In diesem Sinne präsentiert der

Brief an Körner einen ›amerikanischen‹ Schiller, indem er diejenige Seite von Schillers geistiger Tätigkeit exemplifiziert, die in der intellektuellen Wechselwirkung zwischen Francis Lieber und Wilhelm von Humboldt zur Sprache kam und sich in der *Encyclopedia Americana* niederschlug.

Das überzeugendste Beispiel für eine amerikanische Umformulierung der deutschen Klassik liefert jedoch die Leitfigur der amerikanischen Transzendentalisten, der große Essayist Ralph Waldo Emerson (1803–1882). Emerson, dessen Schriften auf Nietzsche und später auf Robert Musil wirken sollten, schließt seinen Band *Representative Men* (1850) mit einem Goethe gewidmeten Essay: *Goethe; or the Writer*. An diesem Text ist die gründliche Kenntnis von Goethes Werk ablesbar, die Emerson bei seinen Lesern voraussetzen konnte. Vorarbeit hatten ja Bancroft, Everett und Lieber, vor allem aber Margaret Fuller geleistet. Letztere war Herausgeberin der Zeitschrift der Transzendentalisten, *The Dial*, deren erste Nummer eine sehr gescheite Kritik an Wolfgang Menzels Goethe-Buch aus Fullers Feder brachte. Ein zweiter, Goethe gewidmeter Aufsatz von Margaret Fuller gehört zum Besten, was das 19. Jahrhundert überhaupt an Goetheliteratur vorzuweisen hat, und übte einen starken Einfluss auf Emersons Auffassung aus. Was Emersons Essay im gegenwärtigen Kontext besonders interessant macht, ist die Behandlung sowohl der poetischen als auch der wissenschaftlichen Werke Goethes. Vielleicht hat sogar Goethes wissenschaftliche Tätigkeit Vorrang, denn Emersons eigentümliche Bestimmung der Fähigkeiten und Pflicht des ›Schriftstellers‹ (»writer«), die Goethe exemplarisch verkörpern soll, lässt zentrale Begriffe von Goethes Wissenschaftskonzept anklingen: »a reception of the facts into the mind, and then a selection of the eminent and characteristic experiences« [Ralph Waldo Emerson, *Representative Men. Seven Lectures*, Boston/New York 1876, S. 249]. Hier werden die Begriffe »Anschauung« und »Urphänomen« von Emerson in Aspekte einer allgemeinen Welthaltung umgedeutet, die rezeptive

Aufnahme von Sachverhalten und Herausdestillierung exemplarischer Erfahrungsgehalte verbindet. Aus Emersons ›transzendentaler‹ Sicht stellt Goethes *Farbenlehre*, in der die Begriffe »Anschauung« und »Urphänomen« zur vollen Entfaltung gelangen, keine marginale Leistung dar, sondern die Erhebung seiner Art der Weltbegegnung in die Klarheit wissenschaftlicher Reflexion. Diese Art, Goethe zu lesen, kommt in einem bemerkenswerten Satz des Essays zum beredten Ausdruck. Am Ende einer Seite, die kompetent und voller Bewunderung Goethes Errungenschaften auf den Gebieten der Botanik, der Osteologie und der Optik resümiert, schreibt Emerson: »It is really of little consequence what topic he writes on. He sees at every pore, and has a certain gravitation toward the truth.« [Ebd., S. 262.] Die Behauptung, Goethe sehe aus allen Poren, lässt anklingen, dass Goethes Erfahrung ihrer Struktur nach visueller Natur war; dass sich seine Weltbegegnung wesentlich im Medium des Sehens vollzog. Schon in Emersons programmatischem Essay *Nature* (1836) taucht der an Goethe anknüpfende Gedanke auf, dass der Gesichtssinn Medium einer Offenbarung der Gottnatur sei: »Such is the constitution of all things, or such the plastic power of the human eye, that the primary forms, as the sky, the mountain, the tree, the animal, give us a delight *in and for themselves*; a pleasure arising from outline, color, motion, and grouping.« [*Selected Writings of Ralph Waldo Emerson*, hrsg. von William H. Gilman, New York 2003, S. 187.] Die plastische Kraft des menschlichen Auges in ihren Grundstrukturen erfasst: Genau das hätte Emerson an den Tafeln aus Goethes *Farbenlehre* erkannt.

Die amerikanische Umformulierung klassischen Gedankenguts, die wir an Emerson beobachten konnten, setzt sich – das soll abschließend erwähnt werden – bis in die Gegenwart fort. In seinem Roman *More Die of Heartbreak* (1987) erzählt Saul Bellow, neben William Faulkner der bedeutendste amerikanische Romancier des 20. Jahrhunderts, von einem Botaniker, einem Spezialisten für Pflanzenmorphologie, dessen nicht geringer wissenschaftlicher Erfolg auf einer erstaunlichen Fähigkeit zur intuitiven Erkenntnis beruht. Nicht nur im Pflanzenreich jedoch erweist sich sein Talent zur Wesensschau, sondern auch auf dem Feld menschlicher Beziehungen. Anschauend erfasst er die Grundgestalten des menschlichen Charakters und menschlichen Begehrens. Die Romanhandlung entwickelt daraus die Konsequenzen für sein Eheleben. Im Text selbst gibt Bellow das Vorbild seiner Romanfigur nicht preis, aber auf dem Umschlag der Erstausgabe findet man einen entscheidenden Hinweis: Ein Foto zeigt Bellow am Schreibtisch, hinter ihm ein Bücherregal; lachend weist er emphatisch mit ausgestrecktem rechtem Arm auf etwas, das außerhalb des Bildfelds liegt. Ein schlecht arrangiertes Bild? Ein privater Witz? Die Antwort ergibt sich, wenn man genau auf die Stelle hinschaut, wo die Spitze des scheinbar in die Ferne weisenden Fingers aufhört. Dort steht eine englische Ausgabe von Goethes *Italienischer Reise*, jenes Werk, in dem das Erlebnis der Urpflanze – Prototyp des Urphänomens – geschildert wird. Der klassische Goethe ist das Vorbild von Bellows Romanfigur. Deutscher Geist, ein amerikanischer Traum.

Deutsche Fassung: David E. Wellbery

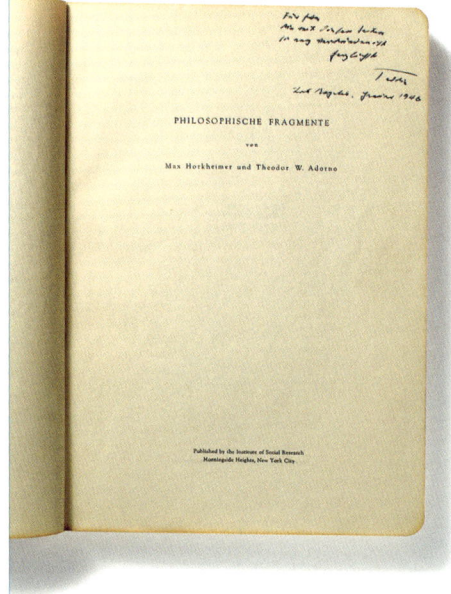

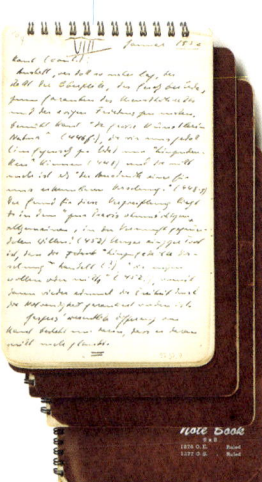

Theodor W. Adorno (1903–1969) und **Max Horkheimer** (1895–1973): Exemplar der unter dem Titel *Philosophische Fragmente* erstmals publizierten *Dialektik der Aufklärung*.

Hannah Arendt (1906–1975): Einer der achtundzwanzig Spiralblöcke, die sie von 1950 bis 1973 für philosophische Notizen nutzte und als »Denktagebücher« bezeichnete.

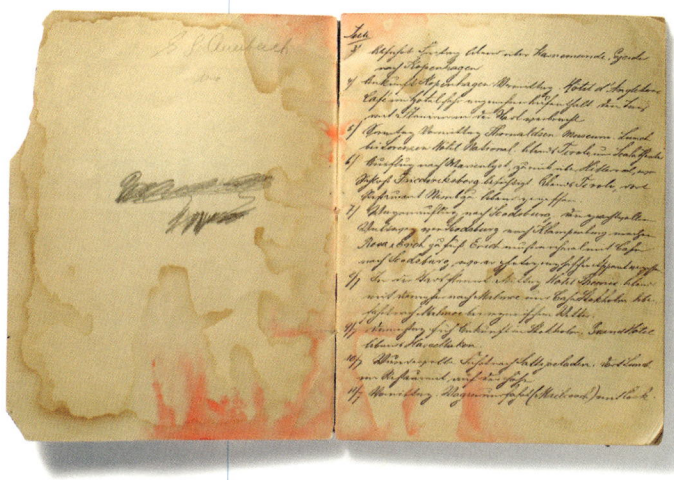

Achim von Arnim (1781–1831): Historisches Stammbuch von 1585, in das Arnim über 300 Widmungsblätter, Briefstücke, Zeichnungen und Kunstdrucke eingeklebt hat.

Erich Auerbach (1892–1957): Arbeitsheft des Schülers, ursprünglich als »Reisetagebuch 1908« von seinem Vater Hermann angelegt.

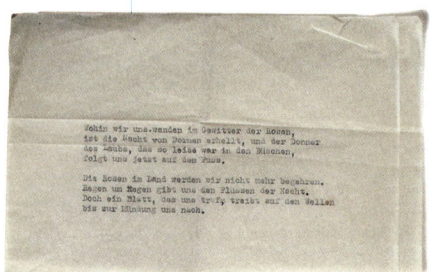

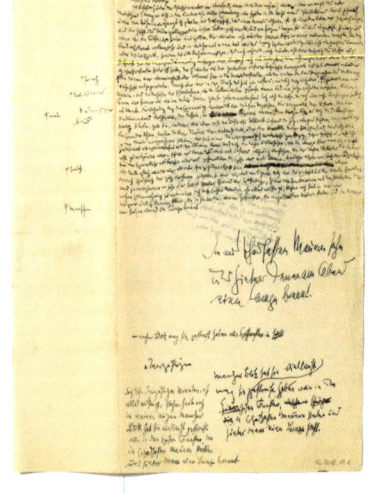

Ingeborg Bachmann (1926–1973): Typoskript des Gedichts *Wohin wir uns wenden im Gewitter der Rosen* und Brief an Paul Celan (23.6.1958).

Walter Benjamin (1892–1940): *Der Lesekasten* in der 1932 entstandenen Reinschrift (Stefan-Manuskript) der *Berliner Kindheit um neunzehnhundert.*

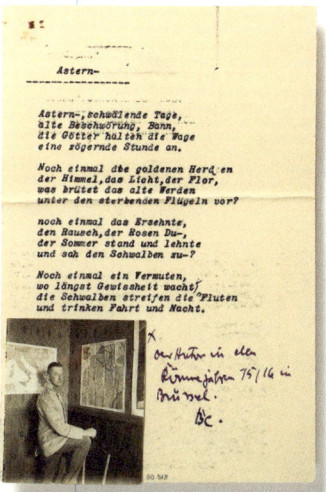

Gottfried Benn (1886–1956):
Typoskript des Gedichts *Astern*,
1935 auf eine Speisekarte der
Stadthalle Hannover getippt.

Hans Blumenberg (1920–1996):
Einer von zahlreichen Zettel-
kästen, hier zum Schlagwort
»Amerika«.

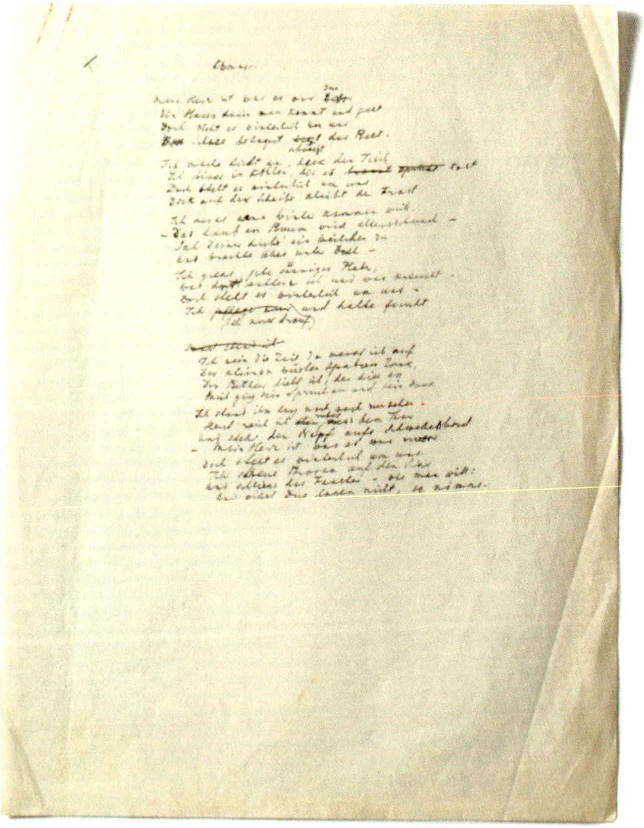

Die Entdeckung Amerikas
Die Poesie von Edna St. Vincent Millay
von
Rudolf Borchardt

Der Frauenname, der diesen Zeilen vorgesetzt ist, wird keinem ihrer Leser bekannt geworden sein, und ihn bekannt machen zu dürfen, — erst bekannt machen zu müssen, — erfüllt mich mit den eigensten, zugleich sehr glücklichen und sehr streitenden Empfindungen. Es ist der Name einer Dichterin — welcher einzigen Art, welches einzigen Ranges, wird man hier erfahren, — aber keineswegs einer beginnenden und in ihrem Heimatlande, Amerika, so wenig einer Unbekannten, dass sie vielmehr dort in jedem Sinne als klassisch angesehen und behandelt wird, sogar bereits in der der toleranten Misshandlung durch nachgewachsene Grössen; und da die englische Sprache, auch wenn in Amerika geschrieben, in England zu Hause ist: diese Dichterin ist auch in England nicht nur bekannt, recht wol bekannt, sondern bereits wieder verkannt, und in die Sphäre hochgezogener Brauen und gerümpfter Nasen emporgestiegen, die das zweite Stadium des Ruhmes zu bezeichnen pflegt. Aber den Atlantic und den Kanal hat der Name nicht überschritten, — nicht einmal der Name. In welcher Zeit denn aber leben wir? Was hat es auf sich mit der gerühmten technischen Vernichtung der Distanz? Wir telephonieren mit New-York, wir erhalten Bildertelegraphien von dort und der genotzüchtigte Schall macht uns zu Ohrenzeugen der Phrasen eines amerikanischen Tagespolitikers, das Schiff verbindet Häfen westlich und östlich der Meere durch Sechstagefristen, in deren Gleichen vor einem Jahrhundert kaum von Jena nach Berlin zu gelangen war; aber vor eben diesem, einem einzigen, Jahrhundert, als noch die Segelschiffe in kriechenden Monaten die Post über den unermesslichen Sturz der Schrecken brachten, waren Poe und Longfellow und bald Emerson, — die ersteren mit einem Schlage, — Weltbürger, von unsern Übersetzern sofort übersetzt, in Freiligraths und Strodt-

Rudolf Borchardt (1877–1945): Übertragung von Edna St. Vincent Millays Gedicht *Alms / Almosen* und Typoskript des Essays

Die Entdeckung Amerikas. Die Poesie von Edna St.Vincent Millay, 1935 fertiggestellt.

Bertolt Brecht (1898–1956):
Manuskript des Gedichts *Und in eurem Lande?* In Santa Monica am 28. Juni 1943 für Bertolt Viertel geschrieben.

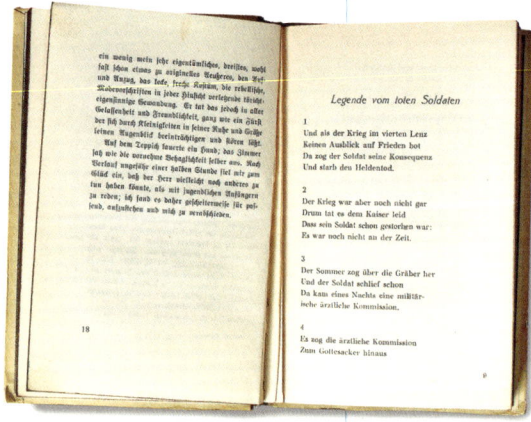

Bertolt Brecht (1898–1956):
Tarnausgabe der verbotenen *Lieder, Gedichte, Chöre*, 1934/35 eingebunden in Robert Walsers *Poetenleben* von 1918.

Paul Celan (1920–1970): Typoskript der Gedichtsammlung *Der Sand aus den Urnen*, angefertigt für die Veröffentlichung 1948.

Alfred Döblin (1878–1957):
Seite aus dem Manuskript des
Romans *Berlin Alexanderplatz.
Die Geschichte vom Franz Biberkopf*, 1929 veröffentlicht.

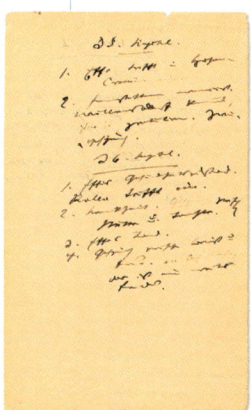

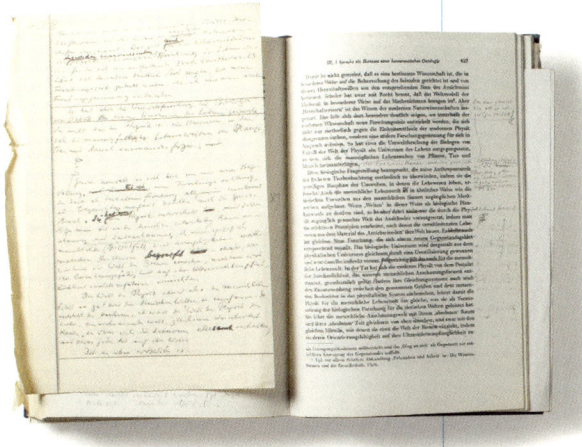

Theodor Fontane (1819–1898):
Entwurf der beiden letzten Kapitel
von *Effi Briest*, um 1890.

Hans Georg Gadamer
(1900–2000): Handexemplar seines
Hauptwerkes *Wahrheit und Methode.
Grundzüge einer philosophischen
Hermeneutik*, das für diverse
Neuauflagen wiederholt ergänzt
und durchgesehen wurde.

Robert Gernhardt (1937–2006): Das erste von insgesamt 675 unlinierten Schulheften, zumeist der Marke »Brunnen«, die der Zeichner und Schriftsteller von 1978 bis zu seinem Tod 2006 beschrieben hat. Aufgeschlagen die Karikatur eines Diktators vom 17. Juli 1978: »So will ich sein + so werde ich auch sein«.

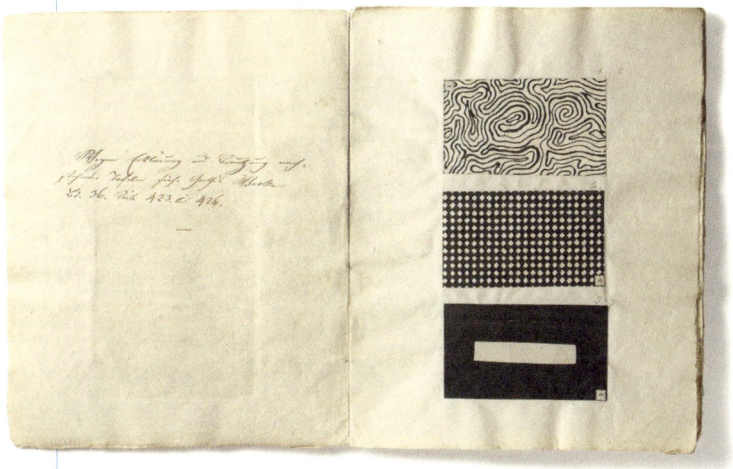

- **Johann Wolfgang Goethe**
(1749–1832): Handkoloriertes
Muster-Heft der Tafeln zur
Farbenlehre (1806/10, nach
Goethes Zeichnungen).

Johann Wolfgang Goethe (1749–1832): Letztes Blatt der Druckvorlage von *Faust II* von Schreiberhand, mit Korrekturen durch Überklebungen nach dem Manuskript, für den Erstdruck im 12. Band der »Ausgabe letzter Hand« 1831 bestimmt.

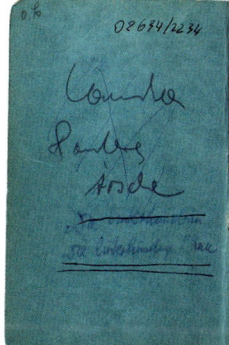

Peter Handke (geb. 1942):
Anfang des ersten Tagebuchs von insgesamt 66 Tagebüchern, die Handke zwischen November 1975 und Juni 1990 führte.

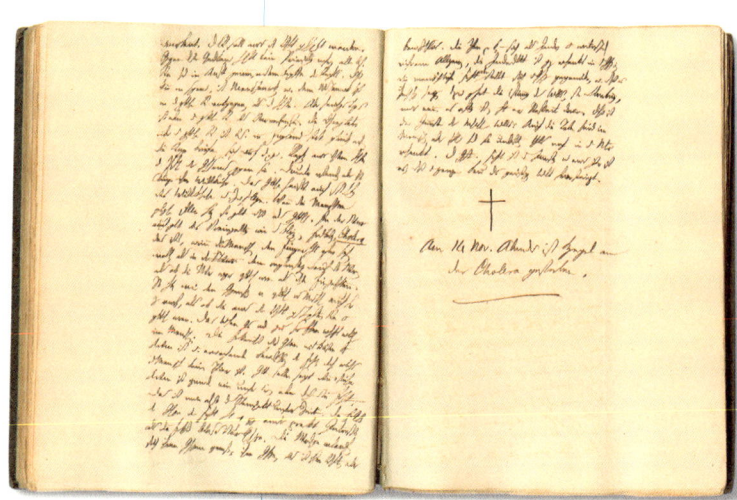

Georg Wilhelm Friedrich Hegel (1770–1831): Mitschrift seiner Berliner Vorlesung über die »Geschichte der Philosophie in Auszügen«, die der später vor allem durch seine religionskritische Schrift über das *Leben Jesu* berühmte David Friedrich Strauß mit dem Tod des Professors eindrücklich beendet: »Am 14. Nov. Abends ist Hegel an der Cholera gestorben.«

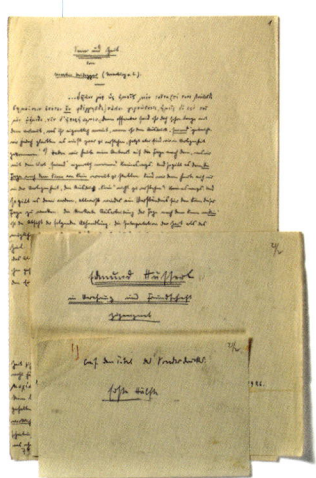

Martin Heidegger (1889–1976): Reinschrift von *Sein und Zeit*, angefertigt für die Veröffentlichung 1927 im von Edmund Husserl herausgegebenen *Jahrbuch für Philosophie und phänomenologische Forschung* und diesem »in Verehrung und Freundschaft zugeeignet«.

Hermann Hesse (1877–1962): »Ein Wort zur Neuausgabe des ›Steppenwolf‹« (geschrieben im September 1942).

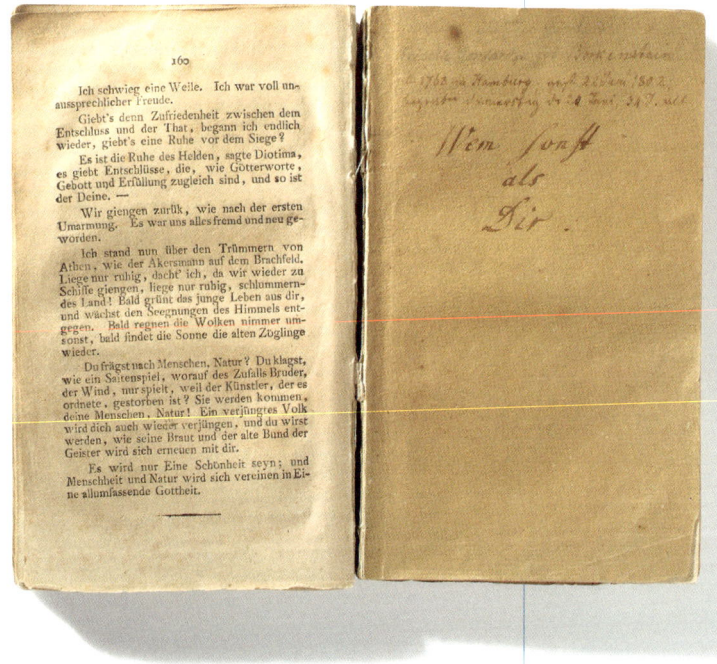

Friedrich Hölderlin (1770–1843): *Hyperion oder der Eremit in Griechenland*, 1797/99, aus dem Besitz von Susette Gontard mit handschriftlicher Widmung.

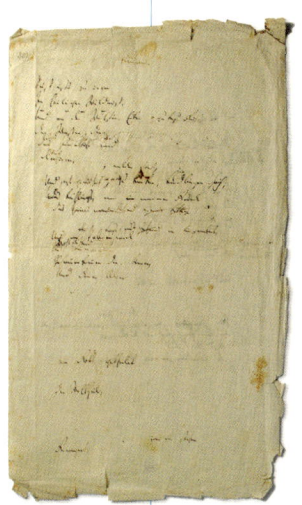

Friedrich Hölderlin (1770–1843):
Entwurf der Hymne *Tinian* (1800/01)
mit fertigen und halbfertigen Versen
sowie ›Keimwörtern‹ zu Inhalt und
Form.

ὅτι πάντα χωρεῖ καὶ οὐδὲν μένει.

Ich spür' noch ihren Athem auf den Wangen —
Wie kann das sein, dass diese nahen Tage
Fort sind, für immer fort und ganz vergangen?!

Dies ist ein Ding, das Keiner ganz aussinnt,
Und viel zu grauenvoll als dass man klage:
Dass alles gleitet und vorüberrinnt

Und dass mein eignes Ich, durch nichts gehemmt,
Herüberglitt aus einem kleinen Kind,
Mir wie ein Hund unheimlich, stumm und fremd,

Dann: dass ich auch vor hundert Jahren war
Und meine Ahnen, die im Todtenhemd,
Mit mir verwandt sind wie mein eignes Haar,

So eins mit mir, als wie mein eignes Haar.

Hugo von Hofmannsthal (1874–1929): Manuskript der Terzinen *Über Vergänglichkeit*, 1894, mit dem griechischen Motto ›dass alles dahingeht und nichts bleibt‹.

Gazette Nationale ou le Moniteur
universel.
Dimanche 24 Thermidor an XII. de la
République (12 Aout 1804).
Bordeaux le 18 Thermidor (5 Aout 1804)

M.ʳˢ de Humboldt et Bonpland dont
la mort a été annoncée dans les
papiers publics, viennent d'arriver de
Philadelphie à Bordeaux après 29 jours
de la traversée la plus heureuse. En-
gagés depuis 5 ans dans une expédition
entreprise à leurs propres frais pour
le progrès des sciences physiques, ils ont
parcouru l'Orenoque, l'Amazone, le
Royaume de la Nouvelle Grenade, les
Andes de Quito, le Perou et le Mexique.
Outre les collections géologiques et les
herbiers qu'ils avoient déjà fait passer
en Europe, ils ont avec eux près de
30 caisses d'objets qui doivent être
d'autant plus intéressans que les

■ **Alexander von Humboldt**
(1769–1859): Abschrift aus
seinem Nachlass einer Notiz über
seine Rückkehr aus Amerika
(*Gazette Nationale ou Le moniteur universel*, 12. August 1804).

Ernst Jünger (1895–1998):
Eintrag im Kriegstagebuch vom
26./27. April 1917 samt Zeichnung,
die Jünger (?) rauchend am
Ausblick eines Stollens zeigt, vor
ihm eine große Granate.

- **Franz Kafka** (1883–1924): Erste Ausgabe von *Der Heizer. Ein Fragment*, erschienen 1913 im Leipziger Verlag Kurt Wolff als dritter Band der Reihe »Der Jüngste Tag«, worin viele expressionistische Texte erstmals veröffentlicht wurden.

Franz Kafka (1883–1924):
Manuskriptseite aus dem
vorletzten Kapitel, »Im Dom«,
des Romans *Der Proceß*,
entstanden im Winter 1914/15.

Immanuel Kant (1724–1804): *Critik der Urtheilskraft* (1790/91), aus dem Besitz von Friedrich Schiller, mit dessen Anstreichungen und Anmerkungen.

Ernst Kantorowicz (1895–1963): Die letzte seiner Postkarten an Erich von Kahler, geschrieben vom Lake Tahoe: »Lieber Erich – nun bin ich auch wieder hier am See & freue mich, dass es Ihnen beiden so gut gefallen hat. Mitte September sehen wir uns. Alles Herzliche EKa. Fischen ist miserabel.«

Heinrich von Kleist (1777–1811): Brief an den Verleger Johann Friedrich Cotta, Dresden, 21. Dezember 1807, in dem Kleist um die Aufnahme der Kunstzeitschrift *Phöbus* ins Verlagsprogramm bittet.

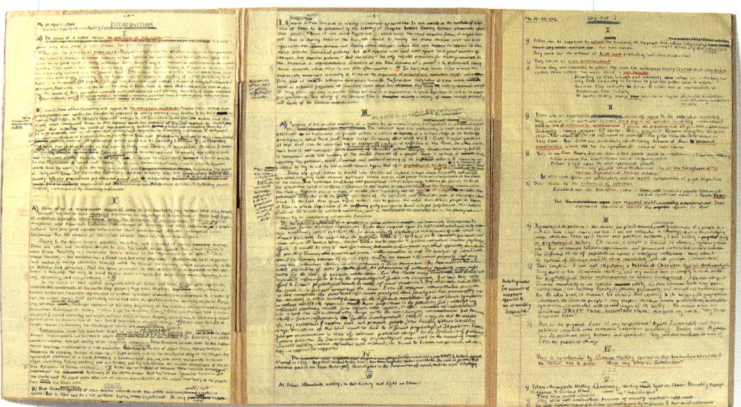

Siegfried Kracauer (1889–1966): Eine von drei Klapptafeln aus Pappe, auf die er 1947 das Manuskript der »Introduction« zu *From Caligari to Hitler* geklebt hat.

Else Lasker-Schüler
(1869–1945): Brief an Franz Marc, Berlin, 9. November 1912, Beginn einer intensiven Korrespondenz.

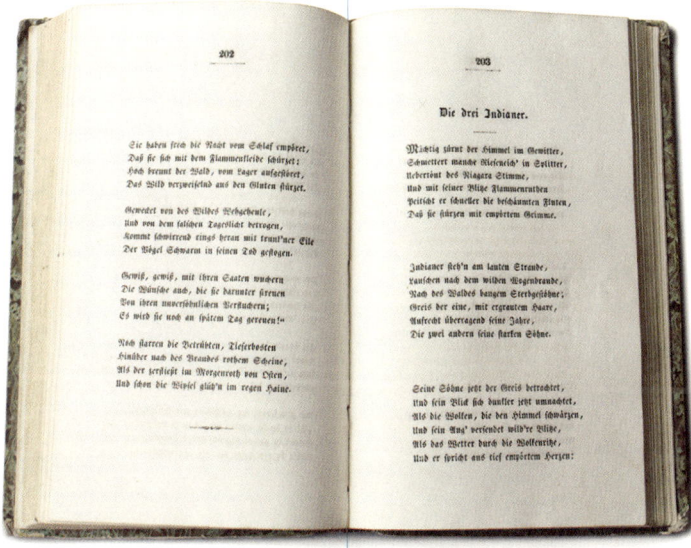

- **Nikolaus Lenau** (1802–1850): *Die drei Indianer* (*Gedichte*, 2., verm. Aufl., 1834). Lenaus Ballade erzählt vom greisen Indianervater, der sich zusammen mit seinen beiden Söhnen die Niagarafälle hinabstürzt, nachdem er zuvor die Weißen verflucht hat, die ihnen alles genommen haben.

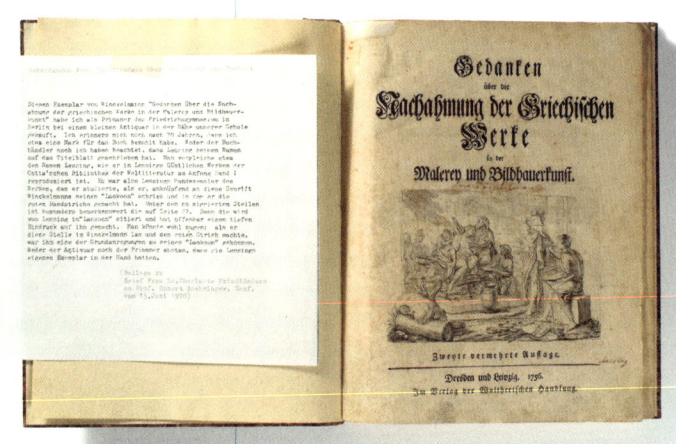

Gotthold Ephraim Lessing (1729–1781): Exemplar der »zweyten vermehrten Auflage« von Johann Joachim Winckelmanns *Gedanken über die Nachahmung der Griechischen Werke in der Malerey und Bildhauerkunst*, 1756, mit Besitzvermerk und Anstreichungen.

Katia Mann (1883–1980) und **Thomas Mann** (1875–1955): Identitätsausweis von 1933. Im September 1933 mieteten die Manns ein Haus in Küsnacht am Zürichsee und erhielten von der Zürcher Polizei diesen Ausweis, der den »tolerierten« Aufenthalt des Ehepaars auf befristete Zeit bewilligte und Auslandsreisen ermöglichte: 1934 hielt Thomas Mann an der Yale Universität Vorträge, 1935 verlieh ihm die Harvard Universität die Ehrendoktorwürde, 1938 nahm er einen Ruf nach Princeton an.

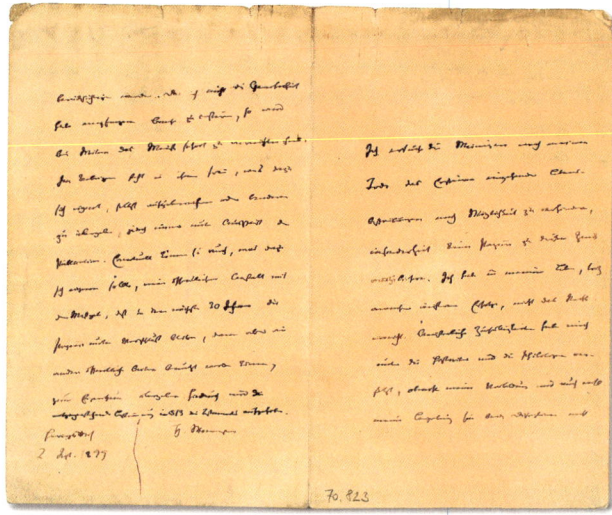

Eduard Mörike (1804–1875): Zweite Strophe des Gedichts *Gebet*, wohl 1839 auf ein Stück Birkenrinde geschrieben: »Wollest mit Leiden / Und wollest mit Freuden / Mich nicht überschütten! / Doch in der Mitten / Liegt holdes Bescheiden.«

Theodor Mommsen (1817–1903): Testament des ersten deutschen Nobelpreisträgers für Literatur vom 2. September 1899.

Robert Musil (1880–1942):
Brief des Redakteurs der
Neuen Rundschau an Kafka
vom 25. Februar 1914 und

Franz Kafkas Entwurf einer
Antwort vom Juli 1914.

> Zu Bett. Heftigster
> Anfall. Ich verachte
> das Leben.
>
> F. N.

■ **Friedrich Nietzsche**
(1844–1900): Zettel für Lou
von Salomé, Tautenburg,
25. August 1882.

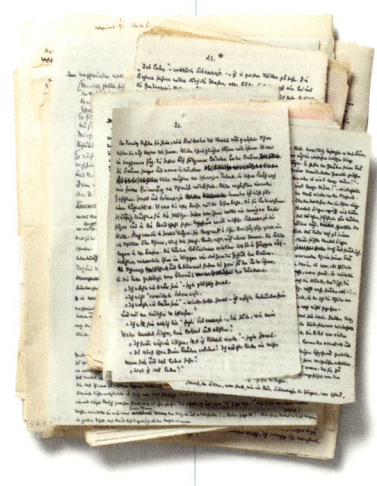

Rainer Maria Rilke (1875–1926):
Reinschrift der *Sonette an Orpheus*, 1922.

Joseph Roth (1894–1939):
Manuskript des 1930 erschienenen Texts *Hiob. Roman eines einfachen Mannes.*

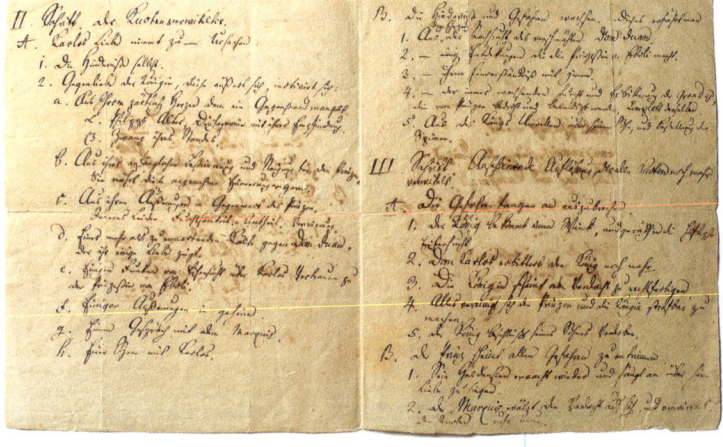

Friedrich Schiller (1759–1805):
Erster Entwurf zum *Dom Karlos*,
so genannter Bauerbacher Plan,
April 1783.

Friedrich Schiller (1759–1805):
Brief an Christian Gottfried Körner, Jena, 18. Februar 1793, der die berühmte s-förmige Schönheitslinie enthält.

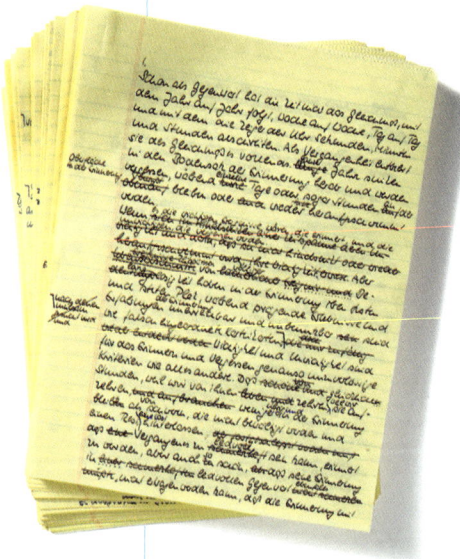

Bernhard Schlink (geb. 1944): Manuskript des 1995 erschienenen, inzwischen in 39 Sprachen übersetzten Romans *Der Vorleser*.

W. G. Sebald (1944–2001):
Manuskript des letzten Werks des
Autors, *Austerlitz* von 2001.

306.

Sinclair turned his glass upside down and, of course, none of us dared to drink a drop. But our interest and respect pleased him. In spite of his great egocentricity and puritanism, he was a very likable man.

This was two years before Sinclair wrote his defense of William Fox, the founder of the Fox Company, who had been manoeuvred out of his stock and influence. A group headed by Winfred Sheehan, the Vice-President of the Company, an ex-politician, took over the studio. Mr. Sheehan's strong arm and right hand was Sol Wurtzel.

One morning I saw Berthold searching frantically among his books and asked: "What are you looking for?"

"Kant. 'The Critique of Pure Reason.'"

I laughed: "What are you doing with pure reason in the studio?"

"When I can't bear listening to Wurtzel I lock myself in the toilet and read Kant. It saves me from losing my mind."

* * *

At last I got Berthold's consent to rent for a beach house, "but only for the summer," and drove to Santa Monica.

At the corner of Seventh Street and San Vincente Boulevard a road led down to the canyon. I stopped on the hill and took in the view. It had been raining in the morning and small white clouds were hanging above the ocean covered with whitecaps. From somewhere the breeze brought the scent of orange blossoms. Below was the Canyon, intersected by streets running in different directions. On my left was a road winding uphill, on my right were lots overgrown with weeds and geraniums, shacks and adobe huts. I was facing a clapboard schoolhouse, small and rural on which the roads and streets seemed to converge. Children, mostly Mexicans, played on the slides and swings of the recreation

■ **Salka Viertel** (1889–1978): Seite aus dem Typoskript der Autobiografie *The Kindness of Strangers* (dt. *Das unbelehrbare Herz*), 1969 veröffentlicht.

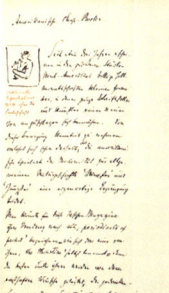
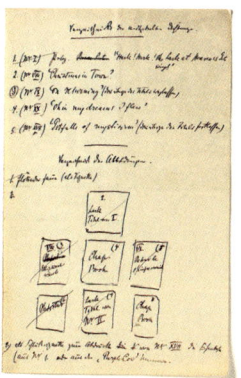
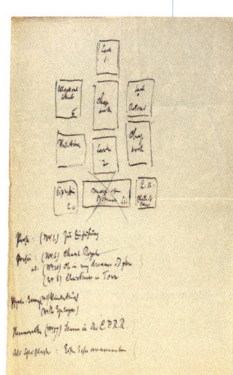

107

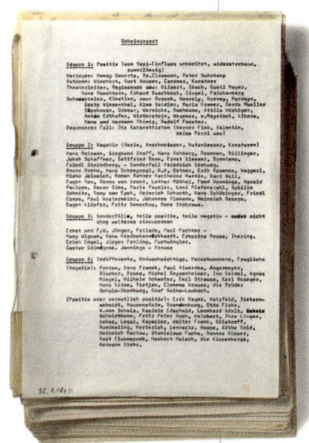

Aby Warburg (1866–1929): *Amerikanische Chap-Books*, Manuskript für die Zeitschrift *Pan* (1897), das auch die Anordnung der Abbildungen festlegt.

Carl Zuckmayer (1896–1977): *Geheimreport*, angelegt 1943/44 im Auftrag des amerikanischen Geheimdienstes OSS (Office of Strategic Services) für die Zeit nach der Besetzung Deutschlands, erstmals veröffentlicht 2002.

Deutscher Geist. An Overseas Suitcase
Essay by Ernst Osterkamp

Seven decades later, the Greek scholar Paul Friedländer (1882–1968) could still remember how he, in his final school year, made a particularly felicitous find in a small antique bookshop near the Berlin grammar school *Friedrichsgymnasium*, in which he took his final examinations in the year 1900: for "about one mark," the antiquary handed over to him the "second augmented edition" of the *Gedanken über die Nachahmung der Griechischen Werke in der Malerey und Bildhauerkunst (Reflections on the imitation of Greek works in painting and sculpture)*, published in 1756 by Johann Joachim Winckelmann (1717–1768), the initiator of modern archaeology and the study of art. The first edition of Winckelmann's first work was printed in just fifty copies in 1755, which were distributed among the members of the Dresden court and among the author's friends and patrons, and so Winckelmann's European fame spread mainly from this second, greatly extended edition. With this book, Winckelmann explained the reasons for the German Greek cult: the belief in the exemplary status of the art and culture of ancient Greece for the modern age, which influenced the art and cultural history of the Germans until long into the 20th century – from the poetry and philosophy of the classical period through the *Bildungshumanismus* (educational and cultural humanism) of the 19th century and the *Lebensreformbewegung* (life reform movement) of the turn of the century, right through to the body politics of national socialism. It was this process which led the English scholar of German, Eliza M Butler (1885–1959), to speak, in 1935, in her book *The Tyranny of Greece over Germany. A study of the influence exercised by Greek art and poetry over the great German writers of the eighteenth, nineteenth and twentieth centuries* [Cambridge 1935], of a tyranny of the Greeks over the Germans, in which she saw the reception history of Winckelmann's Greek ideal as leading to the tyranny of the Third Reich.

In the year 1935, three and a half decades after he had bought the founding document of the German Greek cult, Paul Friedländer, by then professor for classical philology in Halle, suffered particularly under this tyranny: the National Socialists dismissed him, as a Jew, from his academic post. His life had, until then, been unmitigatedly influenced by the Winckelmann style of Greek nostalgia; educated in the spirit of *Bildungshumanismus* in a Berlin grammar school, he had then studied Classical Philology and Archaeology in Berlin and Bonn and had become one of the most honored German classical scholars through his books on Greek heroic legend, tragedy, the description of art and especially on Plato. In 1920, Friedländer became a professor in Marburg; in 1932, he was appointed to a post in Halle. Then, after the outbreak of National Socialist barbarity: in 1935, his removal from office; in 1938, the Sachsenhausen concentration camp; in 1939, his emigration to the USA. From 1940 to 1949, Paul Friedländer taught at the University of California in Los Angeles. The fact that he had, in spite of the history of his experiences, not turned away from the traditions of German humanism, could easily be recognized by all visitors to his California office, as it was decorated with portrait photographs of his Berlin teacher, the great Greek scholar Ulrich von Wilamowitz-Moellendorf, and of the poet Stefan George, into whose spiritual circle of influence Friedländer had been drawn in the twenties. "Hellas ewig unsre Liebe" ("Hellas, ever our love"), is a famous line from George's poetry collection *Der Teppich des Lebens* (*The Carpet of Life*) [Stefan George, Sämtliche Werke, Vol. 5, Stuttgart 1984, p. 16], which appeared in 1899, the very year in which Friedländer probably bought the Winckelmann volume. This line could be taken as a suitable motto for Friedländer's whole life.

Neither the antiquary, nor the young Friedländer had noticed that an earlier owner had written his name on the title page of Winckelmann's *Reflections*: "Lessing". It was only later that Paul Friedländer realized what had fallen into his schoolboy hands: Gotthold Ephraim Lessing's personal copy of Winckelmann's first work; that very book, therefore, that had been the argumentative starting point for his treatise which was groundbreaking in the theory of art, *Laokoon: oder über die Grenzen der Malerei und Poesie* (*Laocoön: or The Limits of Poetry and Painting*) in 1766, with which he attempted to define, in the realms of sign and media theory, the differences between literature and fine art and to prove the precedence of poetry. "The general and distinguishing characteristics of the Greek masterpieces of painting and sculpture are, according to Herr Winckelmann, noble simplicity and quiet grandeur, both in posture and in expression." [cf. Gotthold Ephraim Lessing, Werke. 1766–1769, ed. Wilfried Barner, Frankfurt a. M. 1990, p. 17.] This is the first sentence of Lessing's famous work, which, like Winckelmann's, counts as one of the founding documents of German Classicism: there was no author of note in the late Enlightenment, Classical or Romantic periods who did not know both books and had not in some form productively referred to their theoretical standards. On this very book, then, Lessing's hand had lain, as he drafted the first chapter of *Laocoön*; in reading it, he had conceived the main ideas of his aesthetics, which were of deep significance for Herder and Goethe, for Schiller and Friedrich Schlegel. No wonder, then, that Paul Friedländer wanted to keep this copy of Winckelmann's *Reflections* throughout his life; in it was compressed, so to speak, the very best tradition of the German spirit, and so it accompanied him over seven decades in his life's long journey from Berlin through Marburg and Halle to Los Angeles. For this book represented, too, the spiritual identity of the great classical scholar; when he emigrated in 1939 to the USA and took the book with him, he not only saved his own life, but at the same time he saved documentary evidence of German culture from barbarism which had come to replace it. Shortly before his death, he had placed a piece of paper in the book, on which he reported the circumstances of its purchase.

In 1970, soon after Friedländer's death, Lessing's copy of Winckelmann's book returned to Germany; Charlotte Friedländer had, knowing of its cultural importance, donated it to the *Deutsches Literaturarchiv Marbach* (the German Literature Archive in Marbach). Its cultural importance, however, had been transformed on its way from Berlin to Los Angeles; it no longer simply represents the potential of ideas of German classical humanism, under the influence of which Friedländer began his academic career, but rather it also, simultaneously, represents the historical devastation of the twentieth century, which has broken and damaged the traditions of German *Bildungshumanismus* for ever – so deeply that the German spirit could only save itself by fleeing to the west coast of America. This book, a unique document of the German classicist culture characteristically emerging from the European Enlightenment, has since become a moving testimony, not only of the barbarism which forced itself between us and this culture, but also of the spiritual power to resist that inhumanity by feeding on the memories of this culture. The best and the darkest dimensions of German history, the radiance and wretchedness of the German genius, are combined in it in a unique but representative form.

When could there have ever been a radiance of the German spirit, though, without wretchedness? Even the backward-looking utopia of

Winckelmann's Greek vision was an emphatic answer to the plight of a German academic like Winckelmann's, who, born as the son of a poor cobbler in Stendal, only managed to rise to the position of papal antiquary in Rome as a result of many fortunate coincidences. Johann Joachim Winckelmann insisted, against all historical evidence, that it was political liberty that had paved the way for the golden age of Greek art. This had given the German intellectuals a model for the correspondence between their longing for freedom, disregarding their contemporary misery, and a utopian past, with a utopian future extrapolated from it – a human objective formed by the ideal standard of the classical Greeks: the primeval pattern of the triadic models of history so popular in German idealism, which helped them through the straits and hardships of contemporary politics, by clothing, encapsulating the cold zones of history in a utopian source and the desire for a utopian end. And because it was, for the art historian, the most important effect of Greek liberty to have created great art, the German poets and philosophers quickly took to the habit of seeing art and liberty as intrinsically connected: so much that the true location of liberty, and the location of true liberty, was autonomous art, liberated from all external pressures, and that it was, thus, the realm of beauty in which one was able to find oneself and one's true destiny. "Schöne Welt, wo bist Du? – Kehre wieder, / holdes Blüthenalter der Natur! / Ach! nur in dem Feenland der Lieder / lebt noch deine goldne Spur" ("Art thou, fair world, no more? / Return, thou virgin-bloom on Nature's face; / Ah, only on the minstrel's magic shore, / Can we thy golden footstep trace!") [*Schillers Werke. Nationalausgabe*, vol. 1, Weimar 1943, p. 194]. Friedrich Schiller wrote this, in the spring of 1788, in *Die Götter Griechenlandes* (*The Gods of Greece*), with the already conventionalized nostalgic view of the Germans towards the Greeks, hoping for a liberation from the social constraints of the modern age and the dictates of rationalism in the return of the goddess of beauty in the medium of art. Whereas a year later, on the other side of the Rhine, the political aim of liberty was linked to the ideas of equality and fraternity and was to be attained by means of political action, the poets of Germany continued to link the future of liberty to the development of art and placed all their hopes in the liberating force of beauty – none stronger and more effectively than Schiller, this virtuoso of the historical three-step perspective, who, after the French Revolution had capsized into terror, relied completely on aesthetic education as a strategy of cultural development and human liberation and named liberty as the true purpose of all art and of all *Spiel*; the play of simulation.

Undoubtedly, no other German poet had experienced bondage more intensively and more consciously than Friedrich Schiller in his youthful years, in the educational dictatorship of the *Hohe Carlsschule*, the boarding school governed by the reigning duke Carl Eugen. His first work, *Die Räuber (The Robbers)* (1781), quivers with an unbridled desire for liberty, and the famous copperplate engraving – contrary to the assumptions of earlier research, probably chosen by Schiller himself – on the title page of the second edition of the play, with the leaping lion and the motto "*in Tirannos*", was a open challenge to the duke. From then on, liberty remained the core theme of Schiller's oeuvre, culminating in the great classical plays, so heavily laced with historical pessimism. This theme was brilliantly unfurled and displayed in Marquis Posa's demands for personal happiness and freedom of thought, entwined in many ways with the concepts of the American Declaration of Independence, in the third act of *Don Carlos* (1787). And yet we see how inextricably the constraints of the German plight were written into the plot of this drama of liberty, created in the spirit of world citizenship! In the spring of 1783, soon after Schiller's decision to adapt, as his next dramatic subject, the tragic love story between the son of King Philip II and his queen, the first draft of *Don Carlos* was written; the *Bauerbacher Plan*, preserved in the *Deutsches Literaturarchiv Marbach*. What drew Schiller to the subject matter of

Don Carlos, from the very beginning, was its political content; the revolt of the suppressed against the intellectual despotism which was represented in the example of the Spanish Inquisition. In the Bauerbach plan, however, the political dimension of the subject matter is barely recognizable; he seems, indeed, to be consciously repressing it. Although a "rebellion" of Don Carlos (IV.A) and, later, the "crime of his accusers" (V.C) are mentioned, they remain insubstantial and vague; instead, the plan concentrates completely on the dramatic unfolding of a plot of love and jealousy in the royal household and removes the subject matter's political brisance, reducing it to the dimensions of a bourgeois tragedy with 'sex and crime' suspense. It was obviously the intention of the Bauerbach draft to inform others about the work in progress on the new play and to establish connections to theaters which could be interested in the play. Schiller must have found it strategically necessary to keep the politically problematic aspects of the material hidden. So the first draft of the play, in which Schiller's so greatly influential rhetoric of liberty was unfolded, speaks of the political, social and institutional constraints to which the young dramatist was subjected; he wrote the plan of his play, which was intended to avenge the individuals suppressed by the Inquisition, as if the Inquisition had been looking over his shoulder while he was writing. The Bauerbach plan hereby provides documentary evidence of the political suppression and social narrowness of the late absolutist, small-state conditions which help to explain the German poets' longing for the autonomy of art. If nowhere else, freedom should at least be possible in art.

When Friedrich Schiller, in the spring of 1791, first studied Immanuel Kant's *Kritik der Urteilskraft* (*Critique of Judgement*), and thereby deepened his definition of liberty, he doubly underlined, on page 42 of his copy, the word "Spiel", as for him, the freedom of aesthetics in play was of direct moral use. Just so, Schiller let his theory of aesthetic education ultimately become equivalent to a "happy realm of play and resemblance" created by an "aesthetic building power", and with it an "aesthetic state" based on the definition of play, in which people encounter one another only as subjects and objects of a kind of "free play": "Giving freedom by freedom is the fundamental law of this kingdom." [Cf. *Schillers Werke. Nationalausgabe*, vol. 20, Weimar 1962, p. 410.] He could just as easily have said: 'Giving freedom by freedom is the fundamental law of art'. For the kingdom of freedom he dreamed of only existed in the medium of aesthetic appearances, in the art liberated from all external purposes. In late feudal German reality, in contrast, everything – for the time being – remained the same, while in France, liberty was being fought for in blood. When Friedrich Schiller established the central organ of German Classicism, the *Horen* (*Horae*), in the year of 1794, politics were intentionally excluded from it.

And so the young readers of Friedrich Schiller drew their bow of amorously utopain, idealistic concepts for humanity from a childlike unison with nature, towards the already accomplished ideal of liberty, blithely ignoring historical reality from whose bonds they could not escape. At the beginning, the peace, calm and freedom of childhood; at the end the ›new kingdom‹ of beauty and liberty, and between these the story of each individual, like that of the whole of mankind as an 'eccentric orbit' of alienation [cf. Friedrich Hölderlin, *Sämtliche Werke und Briefe*, ed. Michael Knaupp, vol. 1, Munich 1992, p. 657 and 558]; Schiller's admirer Friedrich Hölderlin thus described the course of history from utopia to utopia, in which all present reality was experienced as one single day of coldness. "Wie ein heulender Nordwind, fährt die Gegenwart über die Blüthen unsers Geistes und versengt sie im Entstehen" ("Over the flowers of our spirit the present blows like a howling north-wind, blasting them even in the bud") [Cf. ibid., p. 621]. Hölderlin let the eponymous hero, in the first volume of his novel *Hyperion oder der Eremit in Griechenland* (*Hyperion, or The Hermit in Greece*), published in 1797, write this sentence in a letter to his friend

Bellarmin; he formulated with this, at the same time, a fundamental theme of his own existence. Hölderlin's Hyperion is one of those sapling youths schooled by Winckelmann, for whom ancient Athens constituted the epitome of a perfect existence in beauty, freedom and harmonic unity with Nature: "It was a divine life and man was, there, at the center of Nature." [Cf. ibid., p. 688.] This lost ideal of humanity illustrates at the same time, for Hyperion, the aimed ending of his story: "There will be only one beauty; and humanity and nature will unite in an all-encompassing divinity." [Cf. ibid., p. 693.] With this emphatic sentence, which invokes the return of the ideal world of the Greeks, the first volume of the novel ends. How, though, can mankind find its way into this new kingdom of beauty? Political action – this option concurrently being put to the bloody test in France – is dismissed by the idealism of the novel; although Hyperion fights in the Greeks' battle for liberation against their Ottoman suppressors, he soon has to recognize that political practice goes hand in hand with the betrayal of his human ideals. And so here, too, the only solution which remains is the aesthetic education which Schiller had devised only shortly before: Hyperion's lover Diotima designates him the educator of the people. Diotima embodies the beauty of the ideal in Hölderlin's novel; because the lost beauty of ancient Athens has reappeared before him in her shape, Hyperion hopes for a return of the ancient ideal world.

Over Friedrich Hölderlin's real existence, however, to escape from which he dreamed of a utopian past and a utopian future, the north-wind blew, and did not let the flowers of his spirit come into bloom. While he was writing the two volumes of *Hyperion*, he was working as a tutor for the Frankfurt banker Jakob Friedrich Gontard. He recognized, in the banker's wife Susette, a Greek lady, his Diotima, and she immediately took up the role pattern Hölderlin had already invented in his poetic fiction; the result was one of the great tragic love stories of German literature. In September 1798, Friedrich

Hölderlin – for the banker only a subordinate employee – had to leave the Gontard household. On November 7, 1799, he succeeded in delivering the newly published second volume of *Hyperion* to Susette Gontard; he dedicated the copy to her with the words »Wem sonst als Dir« ("to whom else than to you"). In the second volume of his novel, Hölderlin let Diotima die and thereby took leave of his hopes of a renewal of the Greek kingdom of beauty for ever. Susette Godard had to read the story of Diotima's death, though, as a prediction of her own death; she died in 1802, at the age of 33. Hölderlin lived, from 1807, in a state of incurable mental derangement, in a tower room in Tübingen, for 36 years. "Wem sonst als Dir": In the copy given to Susette/Diotima, Friedrich Hölderlin's dedication is written to the right of the last page of the first volume, in the last sentence of which the power of the goddess of beauty to shape history is still being invoked in full hopes of the final attainment of an ideal world in the Greek pattern: "Humanity and nature will unite in an all-encompassing divinity." The poet – in his poems a world-changing visionary, in real life a badly-paid private tutor – had already given up his vision of a new Hellas in the cold stream of the present, as he wrote the dedication to his beloved; all that remained of his great hopes of an all-encompassing renewal of the world was the memory of a few hours of the most clandestine bliss. Nevertheless, something more remained; a great novel, in the reading of which many generations of young readers were to dream themselves upwards and over the political and social misery of German everyday life into a new Hellas on German ground; even into the 20th century, the novel drew young opposition movements into its utopian wake.

None had admired Johann Joachim Winckelmann more than Johann Wolfgang von Goethe; none was more convinced of the exemplary nature of Greek art for the modern age than he. In the preface to his art journal *Propyläen* (*Propylaea*), in 1798, he formulated the programmatic maxim "that we should move as little as possible away from classical ground" [cf. Johann Wolfgang Goethe, *Sämtliche Werke nach Epochen seines Schaffens. Münchner Ausgabe*, vol. 6.2, Munich 1988, p. 9]. And when, in 1805 (the year of Schiller's death), he published an edition of Winckelmann's letters augmented with essays and treatises on the history of art, he emphasized the great archaeologist's epochal importance by giving it the title *Winckelmann und sein Jahrhundert* (*Winckelmann and his century*). In contrast to his contemporaries, who were indulging in philosophical speculation, it was impossible for him, the poet writing wholly in the terms of present-day existence and making his deductions about the world in the medium of tangible observation, to cultivate any utopian potential out of his admiration of the Greeks. Goethe, ever immune to the German propensity for philosophizing history, had never taken the thought of a return of Hellas to replace German regionalism, *Kleinstaaterei*, seriously. It was enough, for him, that it was possible to learn much of import for contemporary artistic practice from the ancient works of art, such as the choice of themes and the manner of representation; he spared himself, however, from all speculations about the relationship between art and liberty, and the utopian views that his friend Schiller brought to culmination in his concept of aesthetic education ultimately remained foreign to Goethe. Even in the artistic revival of the antiquity Goethe had taken part only in moderation. In his drama *Iphigenie*, completed in 1787 in Rome, he did not draw a very favorable picture of the Greeks, burdened with the Atreidean curse; when he had begun, in 1799, like a new Homer, to tackle the *Achilleis*, an epic poem on the death of Achilles, he gave up the project for good after just having completed the first canto; and his little drama *Pandora*, published in 1807, finally depicted a mythical ancient world, characterized by violence, from which ideal beauty, embodied in the eponymous heroine who only appears in the memory of the other characters, has retreated for ever. Ideal beauty had lost its place for Goethe, in 1806, in the midst of the horrors of history, as French troops occupied

Weimar after the defeat of Prussia in the Battle of Jena and his own life was endangered.

Goethe has shown which laws governed the historical reality of the 19th century in Part II of his tragedy *Faust*, devoid of all utopian desire: those of economy, of military power and technical progress. In the first act of this great allegory of the 19th century – the *Deutsches Literaturarchiv Marbach* owns the printer's copy of this act (up to line 6036), for the first edition, in the twelfth volume, of the last authorial edition of his works – Faust and Mephisto, as financial advisors, salvage a degenerate feudal state by the swift and unlimited multiplication of money by creating paper money: a strategy of capital acquisition anticipating the financial crises of the 21st century. In the fourth act, the reorganization of political power relationships is accomplished by way of military violence; the fifth act depicts the death of the idyll, the rape of nature and the suppression of man using the technical means of the 19th century. In between, Goethe leads the readers back again, in the second and third acts, into his beloved ancient world. But in the *Klassische Walpurgisnacht* (Classical Walpurgis Night) of the second act, the Hellenic ideal beauty, on the return of which, from Winckelmann onwards, so many utopian hopes had been placed, no longer exists. That which presents itself there as classical antiquity – pre-Olympian and lower Olympian characters, sirens and sphinxes, lamiae and griffins, nereids and tritons – is de-idealized and historicized, and because this is so, Faust, in his search for Helena, the ideal shaped in human form, cannot find her. When Helena does reappear in the third act, after all, and ancient ideal beauty unites with the reality of the modern age for an infinite moment, it is still only in the form of a phantasmagoria. Goethe had described the Helena act in its first edition in 1827 as a "classical-romantic phantasmagoria" and thus adjudicated every attempt to reinstate the ancient ideal into 19th century reality to be phantasmagorical in character. He knew only too well that German philhellenism's dream of reshaping reality to suit Winckelmann's Hellenic ideal was long over, under the pressure of economy and technical progress. And though he still continued to be loyal to the Greek ideal vouched for in art until his dying day, he nevertheless, after Schiller's death, consistently refused to assign to it any other place it could be realized in than in the realms of fine arts.

And so the marvelous language of the Helena act, in which the longing for the return of the ancient world is combined with the insight into the impossibility of its reinstatement, remains encapsulated in the dramatic architecture of Faust II like a melancholy reminder of the utopian hopes of whole graecomanic generations. And as the sum of all ugly and distorted things in the modern age grows, the historical resistance against the realization of the humanistic, edifying dream of German classicism grows likewise. As often as this dream is invoked, just as swiftly it sinks, again and again – like Helena into Hades – back into the underworld of classic educational quotes. The Helena act of *Faust II* is also about this: the sinking of a dream of ideal beauty, which at the same time represents perfect humanity, into the shadowlands of powerless educational programs, while historical reality follows very different laws, those of economy, power and technology. The utopia, on the realization of which blind Faust works in the last act, follows these laws and is therefore, too, no longer distinguishable from a dictatorship. For a man like Faust, who callously offends Nature, even his own, there can only be one final saving grace: the merciful gift of boundless and boundlessly undeserved love.

The German readers of the 19th century did not thank Goethe for this aesthetically and theoretically radical analysis of the laws of motion of their time, and thrust aside the second part of Faust as the artistic lapse of senile avant-gardism; neither did they like his immunity to utopias. They willingly continued to dream themselves out of the confines of their Biedermeier present, though now into smaller-scaled utopias: whether into the phantasmagorical alternative world of Eduard Mörike's Orplid, or into the rose gardens of Baron von Risach in Adalbert Stifter's *Der Nachsommer (Indian Summer)* (1857), this idyllic tiny cosmos in the spirit of clinical purity, into which Schiller's concept of aesthetic education is neatly adjusted to suit the bourgeois orderly mindset of the 19th century.

Otherwise, the German desire for utopias in the 19th century wandered off into the ›Kunstreligion‹ (religion of art): that influential overloading of the claims on art which are also to be understood as a radicalization of Schiller's idea of aesthetic education. For in the ›Kunstreligion‹, art replaces religion as the central redemptive authority and, as such, frees mankind from the constraints of reality: a central figure of thought for the history of ideas on art in Germany, whose influence can be seen from Wilhelm Heinrich Wackenroder und Ludwig Tieck's *Herzensergießungen eines kunstliebenden Klosterbruders (Confessions from the Heart of an Art-Loving Friar)* (1797), equally in Richard Wagner and Stefan George, and right through to Joseph Beuys and Karlheinz Stockhausen. As much as for Schiller himself: how overrated the potential of art! And again, just as it was for Schiller: such disregard for the necessity of political action! How much the German flight into the religion of art was linked to the factor of political disappointment can be seen in the case of Richard Wagner, whose hero Siegfried only developed from a political liberator into a religious redeemer after the failure of the European Revolutions of 1848. From then on, Richard Wagner has ensured, like no other after him but Stefan George, that the Germans' trust in the world-renewing and redemptive power of art remained limitless.

In contrast, again, Goethe: in his novel written in old age, *Wilhelm Meisters Wanderjahre oder Die Entsagenden (Wilhelm Meister's Journeyman Years, or the Renunciants)* (1829), he had, as industrialization was beginning to spread, suggested renunciation as a practical, pragmatic way of managing the world in the limitation of each person to his special abilities and talents, and, incidentally, also recommended to his readers a specific means of escape from the constraints of German conditions – emigrating to America. The desire for freedom was, for none of the great German poets of the 19th century, large enough to have considered this step at all seriously; if in doubt, one preferred to go into exile in Paris, London or Zurich. Only one notable poet of the Biedermeier period took the risk of a journey to America; Nikolaus Lenau (1802–1850). He had conceived a plan to invest his inheritance from his grandmother with long-term high profits and to this end he wanted to purchase land in America and lease it with high profit. In June 1832 – just a few weeks after Goethe's death – he set off on his journey; a year later, he again set foot on German soil. The few surviving letters from Lenau's American journey are documents bearing witness to a bitter disappointment. He travelled to Baltimore, Pittsburgh and Lisbon (Ohio); the highlight of his journey was his visit to the Niagara Falls. On October 16, 1832, Lenau sent his brother-in-law, from Baltimore, a first résumé of his impression of America: "Brother, these Americans are small-shopkeeper souls who stink to high heaven. Dead to all intellectual life, dead as doornails. The nightingale is right not to come to these wretches." [Cf. Nikolaus Lenau, *Sämtliche Werke und Briefe*, ed. Walter Dietze, Leipzig 1970, vol. 2, p. 207.] When he took stock of his American impressions in March 1833, the balance was devastating, whereby the accusations of being devoid of poetry and of having empty souls was at the top of the list. Once he listened, at a musical gathering, to young ladies singing, and this was his reaction: "Their tone was in truth comparable to the sort which results from drawing a wet finger round the rim of a glass, a strange shrill sound, at its best only similar to that of a seagull. I listened in much horror, for I perceived, in every note, the resonance of a fearful inner hollowness." [Cf. ibid., p. 215.]

The Austrian late Romantic had met the spirit of a pragmatic, technically orientated and utilitarian modern age in the USA, and this induced, in him, pure horror: "The education of Americans is simply mercantile, simply technical. Here, practical man flourishes in his most frightful sobriety." [Cf. ibid.] At least the American trip yielded something positive in the form of a series of imposing poems, some of which were not written until after Lenau's return: *Der Indianerzug, Die drei Indianer, Niagara* and *Das Blockhaus* (*The Indian Procession, The Three Indians, Niagara* and *The Log Cabin*). They, too, are witnesses of disillusion, whereby the poet speaks from the perspective of the Indians in the first two poems, driven by the inexorable advance of the white man into destruction; in *The Three Indians*, an old man, with both of his sons, after cursing the white "brood of robbers" and while singing the death song, lets his boat fall down the cascade of the Niagara falls. [Cf. ibid., vol. 1, p. 109.] In the year 1855, five years after Lenau's death, the Austrian writer Ferdinand Kürnberger (1821–1879), who had never been to America, published a novel based on Lenau's American experience, *Der Amerikamüde* (*The one who is tired of America*). It was able to become the most momentous model of disenchantment for all hopes for the future focusing on the New World, because it passed Lenau's disappointment on to a young German poet who, after the failure of the 1848 revolution, set all his idealistic hopes on the USA – and found himself in a country which, in Kürnberger's caricatural distortion, was characterized by materialism, social Darwinism and brutal violence. One can measure how long, and how deeply, this model worked on German intellectuals, by the fact that Theodor W. Adorno, when he was looking for a motto for *Minima Moralia. Reflexionen aus dem beschädigten Leben* (*Minima Moralia. Reflections on a Damaged Life*) (1951), found this in Kürnberger's *Amerikamüde*: "Das Leben lebt nicht" ("Life does not live"). In his criticism of culture and society in the USA, Adorno remained, in spite of all incomparable analytical astuteness, in some ways still a descendant of the late Romantic Lenau.

German literature took a long, long time to release itself from the spell of the classical-romantic tradition. While in the European neighbours' literature – in France, England and Russia – middle-class reality-efficiency allowed the novel to rise and become the leading literary genre and thereby to make the realistic analysis of reality the defining principle of representation, the demand for realism in Germany remained inseparably connected with the demand for the poetic – for humor and glorification, for specific rules of structure and for a reality created in the imagination. And so, German narrative literature of the 19th century performs best in the novella, and not in the novel. Naturally there are exceptions, and one of these is great: Gottfried Keller's *Der grüne Heinrich (Green Henry)* (1854/55), one of the major disillusion novels of the 19th century, of a rank comparable to that of Balzac's *Illusions perdues* and Flaubert's *L'éducation sentimentale*. But in this novel, too, art and artists constitute the central topic, and the reality of 19th century society appears in it only as being missed by Heinrich Lee, who fails as an artist because he prefers the irresponsibility of imagination to the responsibility for his own life and that of those nearest to him. It is impossible to tell, from the novel, that it was written in a big city. And still, Keller's novel is the most significant work written in Berlin in the 19th century. It took 75 years for another novel of similar bearing for world literature to be written in Berlin: Alfred Döblin's *Berlin Alexanderplatz* (1929). The hero of this novel is no longer an artist, but rather an insignificant worker; Franz Biberkopf, who is unwillingly caught up in the wrong milieu and is subject to many bad experiences. The story of this little man interests the narrator because it is one element of the infinitely complex collective life of the city. The city of Berlin is the real protagonist of the novel. Its noises and smells, its advertising column posters and newspapers, its streams of traffic and its economy, its masses of people and its architecture are made into elements of one great text. German literature had finally arrived in the modern age, in reality.

In fact, the development of literary Modernism in German-language countries is bound to the city-dwellers who immediately absorbed the influence of the other European centers. Berlin's swift rise to the status of a European metropolis after the foundation of the German Empire in 1871 and the explosive growth of its population were the prerequisites for Berlin becoming the center of the naturalist movement. Around 1890, Berlin, Vienna and Munich became centers of literary Modernism, with complicatedly demarcated but equally reciprocal relationships between the diverging, competing and, for exactly this reason, also cross-fertilizing literary milieux. The young Viennese poet Hugo von Hofmannsthal published his *Terzinen* (*Tercets*), written in 1894, in the Berlin journal *Pan* (II and III) in 1895, and in 1896 in Stefan George's *Blätter für die Kunst* (I), also printed in Berlin. Aesthetic programs and artistic developments quickly replaced one another in times of a constantly growing pressure for innovation; Naturalism, Impressionism, *Jugendstil*, Expressionism, Dadaism, *Neue Sachlichkeit*. Further literary centers soon arose in addition, such as Prague and Zurich. In this manner, literary Modernism unfolded, between 1890 and 1933, its productivity and dynamics in a polycentric intellectual framework; Thomas Mann in Munich, Alfred Döblin in Berlin, Robert Musil in Vienna, Franz Kafka in Prague, Stefan George everywhere and nowhere. Probably the most significant literary journal to exist in Germany in the 20th century was what held all of this together in the years from 1925 to 1932: the *Literarische Welt* (*Literary World*), published by Ernst Rowohlt and edited by Willy Haas, one of whose most important contributors was Walter Benjamin. The title of the journal was its manifesto; the polycentric literary *Moderne* in Germany understood itself, before 1933, as part of a modern world literature; it did not try to isolate itself, but sought lively dialogue with other literatures. In the first number of the *Literarische Welt*, Thomas Mann wrote on the topic "Was verdanken Sie der kosmopolitischen Idee?" ("What do you owe to the cosmopolitan idea?"), while André Germain, Henri Barbusse, Jean Cocteau, Ilja Ehrenburg, Paul Claudel, Miguel de Unamuno, Max Jacob und Paul Valéry all answered the editor's question "Was verdanken Sie dem deutschen Geist?" ("What do you owe to the German *Geist*?"). "The spirits of the great European nations are mutual debtors and creditors"; Paul Valéry began his short contribution with this sentence [cf. *Die literarische Welt* 1 (1925), No. 2, p. 2], and thus shaped the consciousness of all significant German-language writers of the *Moderne*, that they belonged to the literary world across all the borders of national literatures.

The break in both civilization and tradition of the year 1933 attempted to put an end to this. The book-burning, the bans on writing and publishing, the persecution of the left-wing intelligentsia, the displacement, incarceration and murder of Jewish authors, without whose contribution literary Modernism in Germany could not be imagined: with all this, the National Socialists aimed at a reprovincialization of the German intellectual spirit and at its isolation from the literary world. They were only partly successful. Doubtlessly, the works of the authors who remained in Germany and continued to be published there, who wanted their decision to stay to be seen, after the war, as 'inner emigration', were inevitably shaped by this provincialization; this was ensured by the *Reichsschriftumskammer* and the dictatorship's apparatus of suppression. German literary Modernism, however, was strong, multiform and resistant enough, in 1933, to be able to create new living centers in exile and, precisely thereby, to retain its cosmopolitan character: Amsterdam, Sanary sur Mer, New York, Los Angeles. In the years from 1940 to 1947, the capital city of German literature was to be found on the American west coast. After the occupation of France, many German authors, drawn by the film industry's offers of work and by the colony of German-speaking artists which already existed there, found refuge in Los Angeles. Spread across the wide expanse of the city, Bertolt Brecht and Alfred

Döblin, Lion Feuchtwanger and Franz Werfel, Thomas and Heinrich Mann, Vicky Baum and Berthold Viertel, Theodor W. Adorno and Leonhard Frank, Emil Ludwig and Friedrich Torberg all lived in Los Angeles. In addition, composers and conductors – Arnold Schönberg, Ernst Krenek and Hanns Eisler, Otto Klemperer and Bruno Walter – and actors and directors – Marlene Dietrich and Peter Lorre, Max Reinhardt and Fritz Lang, William Dieterle, Douglas Sirk and Curt Siodmak. All in all: a new Weimar on the coast of the Pacific Ocean. The German authors, in their place of exile, still did not feel at home, however; cut off from their audience and often, too, from any possible publishers, they could not achieve this. Defiant and desperately determined to remain Europeans even in Los Angeles, the language and culture of the country which gave them refuge remained as foreign to them as the expansive landscape and the endless streets along which they could not pensively saunter, and so this center of German culture dissolved rapidly after the end of the war and under the political pressure of McCarthyism.

"Hollywood could now boast of being the Parnassus of German literature"; this is the phrasing in retrospect on these years in one of the loveliest reminiscences of the 20th century, Salka Viertel's *The Kindness of Strangers* [New York/Chicago/San Francisco 1969, p. 248; *Das unbelehrbare Herz*, Hamburg 1970]. Salka Viertel (1892–1978), born Salomea Steuermann, of Jewish-Galician family, actress, married to the poet, scriptwriter and director Berthold Viertel, mother of three sons, sister of the pianist and pupil of Schönberg, Eduard Steuermann, aunt of the conductor Michael Gielen, close friend and scriptwriter for Greta Garbo, had already come to Hollywood in 1928, when Friedrich Wilhelm Murnau invited Berthold Viertel to work as his scriptwriter. Her house, 165, Mabery Road, Santa Monica, became the focal point for many German and Austrian emigrants, and she tried to help all of them. In her house, the German colony of writers, actors and musicians, in many ways politically and artistically cloven and quarreling, often came together – not in Brecht's, Feuchtwanger's or Thomas Mann's houses. It was she who played host to Heinrich Mann to celebrate his seventieth birthday – unforgettable her report how firstly Thomas and then Heinrich Mann read endless speech manuscripts aloud, in a brotherly contest, during which the beef roast in the kitchen got tougher and tougher.

Today, Salka Viertel's literary remains – like those of Berthold Viertel, from whom Salka Viertel had finally separated in 1948 – are to be found in the *Deutsches Literaturarchiv Marbach*, including the typescript of her rich book of reminiscences, which tells of her life's journeying from Sambor in (at that time Austrian) Galicia via Teplice, Munich, Berlin, Vienna and Berlin again, to Los Angeles and finally, in the fifties, back to Europe, to Switzerland, warmhearted but unsentimental, with a high sense of reality and an astute art of characterization. One is convinced of the richness of this book by every page of the typescript; just one example has been taken from sheet number 306, on which the story of the Viertels' first year in California is told. Set between the report of an evening visit of the great novelist Upton Sinclair and the story of the lease of the house in Mabery Road ("only for the summer", which then became decades), an anecdote can be found which was cut from the printed text, but which is actually an unsurpassable account, perfectly characterizing the assimilation problems of the European intellectuals to the studio business conditions in Hollywood. When Berthold Viertel was once searching frantically through his books, Salka asked him what he was looking for. The answer: Kant's *Kritik der reinen Vernunft* (*Critique of Pure Reason*). Every time he could not stand the talk of Sol Wurtzel, the studio boss's right-hand man, he would lock himself into the lavatory with Kant: "It saves me from losing my mind." *Deutscher Geist*, the German mind in Hollywood.

Meanwhile, on the other side of the Atlantic, at a lonely desk in Italy, a completely different America came into existence. There, in the first years of Adolf Hitler's Third Reich, a great German poet invented his own America, and this too was a form of emigration; an emigration into the innermost sanctums of poetry, as it could never again form and survive in this poet's eyes, in the European political and cultural conditions of his times. In the Villa Bernardini in Saltocchio by Lucca, in which he had lived with his family since 1931, a fortunate coincidence brought the volume of poetry *Fatal Interview*, by the American poet Edna St.Vincent Millay (1892–1950), into the hands of the structure-conscious as much as linguistically creative lyricist, essayist, orator and translator Rudolf Borchardt. He put the volume aside, unread; her name was unknown to him, and besides, Borchardt, strongly anchored in the European tradition, did not believe that great poetry could be written in the USA anyway. He, too, had other worries at that time; although he had, as a monarchist opponent of the Weimar Republic, been able to present Benito Mussolini, in an audience on April 4, 1933, with a copy of his translation of Dante, the German ruling powers nevertheless regarded him, a conservative Protestant, according to their concepts of race above all as a Jew, and thus excluded him from German literature. Only months later did he reach again for Edna St. Vincent Millay's poetry – and was gripped by an elementary force he had never felt before apart from that of his great friend Hugo von Hofmannsthal's poetry in his youth, and that of Stefan George, whom he had chosen to be his eternal opponent. In his great essay *Die Entdeckung Amerikas. I. Die Poesie von Edna St.Vincent Millay* (*The Discovery of America. I. The poetry of Edna St.Vincent Millay*), on which he worked from November 1933 until March 1935, Borchardt reported on his first reading of the American lyricist's book of poetry as if it were a pietistic awakening experience: "But it awaited its moment, drew unto itself a leisurely, unreflecting minute in which it could surprise me, and threw me to the floor. I could not believe my eyes and called for others to read over my shoulder, to listen to it with me. We stood, the fortunate few, around the wonder which lay before our eyes, so inexplicably and yet unmistakably: the great European poetry of all the centuries until its last, the XIXth, after which it had been extinguished or had retracted from its mother country, had underrun the Atlantic and had broken out of the deaf ground in a mighty lyrical pyramid." [Cf. *Die Entdeckung Amerikas. Rudolf Borchardt und Edna St.Vincent Millay. Gedichte, Übertragungen, Essays*, ed. Gerhard Schuster, with contributions by Barbara Schaff and Friedhelm Kemp, Munich 2004, p. 184.]

Rudolf Borchardt, who had already been living for decades in Italy, wished under no circumstances to be counted as part of the group of writers which were forced to emigrate out of Germany in 1933. But did he not place exactly what actually happened, in 1933, the emigration of German literature into other European countries and then to America, into the context of a great construction of literary history: the exodus of great European poetry to America, where it was reborn in the work of an American Sappho? It was certainly an overestimation of the work of this wonderful poet, but this is not the key issue. It is, on the contrary, decisive that he who had never left Europe and who finally died in 1945 on the Austrian side of the Brenner pass, exactly between Germany and Italy, was given the ability, in encountering Edna St. Vincent Millay's poetry, to dream himself out of the political misery of his times into an America made up completely of poetry, while many other representatives of the German spirit – Hannah Arendt and Theodor W. Adorno, Erich Auerbach and Bertolt Brecht, Alfred Döblin and Siegfried Kracauer, Ernst Kantorowicz and Thomas Mann, Carl Zuckmayer and Paul Friedländer, to name only a few – found refuge in the real America and some more, like Walter Benjamin, lost their lives on their way there. Borchardt's dream of a new Sappho on a new Lesbos named America was also a form of emigration: a spiritual exile in a world of poetry. How could it have been otherwise? Rudolf Borchardt's intellectual existence was – no less than that of Paul Friedländer, with whom he kept up a correspondence – wholly anchored in the history of German *Bildungshumanismus*, and so the America he discovered belongs to the tradition of those phantasmagorical other worlds that the German intellectual spirit created out of art and its theoretical reflections. Winckelmann's Greece, Schiller's aesthetic state, Hölderlin's new kingdom of beauty, Stefan George's Hellas: kingdoms not of this world, but sanctuaries for the belief that art and beauty are the central means of changing the world and enhancing life. Rudolf Borchardt worked feverishly on his translations of Edna St.Vincent Millay's poems in 1934 and 1935. Her sad line, "but it is winter with your love", which is repeated four times in the poem *Alms*, is interpreted, in Borchardt's wonderful translation named *Almosen*, as "Doch steht es winterlich um uns" ("but it is winter around us") [cf. ibid., p. 58–9]. In this way, he transferred a quiet, lyrical love and soul drama within the horizon of the historical experiences of the years after 1933, in which it was winter with the whole of Europe. No wonder that he sought his utopia of art and poetry, in this situation, outside Europe. The fact that he found it in America is one of the great surprises of his age.

Translated by Rebecca Keller

Images from the Archive
Transnational and Aesthetic Perspectives
Essay by David E. Wellbery

GERMAN-AMERICAN INTERLACEMENTS

Amerika. Let us start there, with the title Max Brod gave to Kafka's first (albeit last published) novel. Significantly, that German spelling was used for the title of the initial English translation. [Franz Kafka, *Amerika*, trans. Edwin Muir, Norfolk, CN 1940.] American readers understood immediately that in these pages their country had been re-imagined by that somehow prophetic Eastern European writer whose name and work had irrevocably imbued the letter *K* with the suggestion of existential anguish and enigma. So indispensable was the connotation that even the most recent translation of the novel preserves Brod's (incorrect) title, while emendating an awkward equivalent of Kafka's intended *Der Verschollene*. [Franz Kafka, *Amerika: The Missing Person*, trans. Mark Harman, New York 2008.] If only because of this title, which so strangely hovers between two languages and two continents, Kafka's novel seems the appropriate place to begin this American introduction to our exhibition.

We have selected for display, along with the manuscript of *Der Proceß* (*The Trial*), the first chapter of the *Amerika* novel entitled *Der Heizer* (*The Stoker*), which in 1913 was published separately as the third slim volume in the series *Der jüngste Tag* (*The Youngest Day*) launched by Kurt Wolff in Leipzig. The opening paragraph captures the arrival of the young protagonist Karl Roßmann in New York Harbor: "Als der sechzehnjährige Karl Roßmann, der von seinen Eltern nach Amerika geschickt worden war, weil ihn ein Dienstmädchen verführt und ein Kind von ihm bekommen hatte, in dem schon langsam gewordenen Schiff in den Hafen von New York einfuhr, erblickte er die schon längst beobachtete Statue der Freiheitsgöttin wie in einem plötzlich stärker gewordenen Sonnenlicht. Ihr Arm mit dem Schwert ragte wie neuerdings empor, und um ihre Gestalt wehten die freien Lüfte." – "As the seventeen-year-old Karl Rossmann, who had been sent to America by his unfortunate parents because a maid had seduced him and had a child by him, sailed slowly into New York harbour, he suddenly saw the Statue of Liberty, which had already been in view for some time, as though in an intenser sunlight. The sword in her hand seemed only just to have been raised aloft, and the unchained winds blew about her form." [Franz Kafka, *Amerika: The Missing Person*, trans. Mark Harman, New York 2008, p. 3.]

Much that is central to Kafka's writing is displayed in these two sentences: the meticulous rhythmic composition; the attention (inherited from Kleist) to the complexity of circumstantial causes; the systematic distortion of highly valorized symbols into something obscurely threatening (Liberty's torch become a sword). One could discuss at length the importance of these stylistic traits for Kafka's work generally. The transformed Statue of Liberty, for example, anticipates Titorelli's painting in *The Trial*, in which the allegorical figure of Justice incongruously blends with a Victory and finally reveals herself as the goddess of the hunt. [Franz Kafka, *Die Romane*, Frankfurt a. M. 1997, p. 476.] Thematically, the passage establishes the pattern of sexual victimage and flight that will hold throughout the novel. For present purposes, though, it is perhaps best to highlight a single and obvious feature: the marked emphasis on verticality. We see the statue from the standpoint of Karl, who, in the line immediately following the cited passage, notes the predominant impression: "'So hoch!' sagte er sich". ("'So high,' he said to himself"). With only slight exaggeration one might say that the world of Kafka's *Amerika* is drawn in two dimensions: the vertical thrust of the modern urban environment and the endless horizontal expanse of the prairie that opens at the novel's projected end.

One of his goals in *Der Verschollene*, Kafka wrote to Kurt Wolff on May 25, 1913, was to render New York in its "most modern" manifestation ("das allermodernste New Jork"). [Franz Kafka, Briefe 1913–1914, ed. Hans-Gerd Koch, Frankfurt a. M. 1999, p. 196.] This aesthetic ambition was not Kafka's alone. Exactly contemporary with the appearance of *The Stoker*, Alfred Stieglitz (1864–1946) produced his remarkable photograph *Two Towers. New York: October 1913*, an image that captures the startling upward rise of early New York skyscrapers as well as their unreal, almost ghostly appearance. Visual insets in Kafka's text – the view of the Statue of Liberty from the deck of an arriving ship; the observation of the city's traffic from the elevated vantage of a skyscraper window – are affine to the dramatic perspectivism of the modernist photographic art that Stieglitz's important journal *Camera Work* promulgated. Perhaps Stieglitz's most famous photograph (and one of the most significant works of twentieth-century photographic art), *The Steerage* (1907), employs just such a slanted, downward view to present the crowded conditions aboard a transatlantic passenger ship. A generation earlier, Stieglitz's German-Jewish parents had arrived in New York on a similar ship. The push of the crowd on shipboard that *The Steerage* makes visible also constitutes, of course, a significant narrative factor at the opening of Kafka's novel. We may say, then, that a visual art kindred to Kafka's prose technique was emergent in the real version of the fictional city in which Karl Roßmann arrives. In fact, in the very same year *The Stoker* was published, New York opened itself to European modernism with the epoch-making Armory Show, co-organized, of course, by Stieglitz. The New York that Kafka envisioned in 1913 was in the process of transforming itself into an international center of the very aesthetic modernism Kafka's own prose evinces.

Kafka's *Amerika* novel, we are beginning to see, is complexly interlaced with the network of images and discourses that characterizes German-American cultural relations at the turn of the century. Stieglitz, to remain with his example, was born in Hoboken New Jersey, but attended the *Realgymnasium* in Karlsruhe and then studied mechanical engineering at the Technische Hochschule in Berlin. There he profited from the research on photographic processes conducted by the chemist Hermann Wilhelm Vogler. Among his early artistic inspirations was the great realist painter Adolf von Menzel, whom he met personally. Moreover, the modernist ethos that animated Stieglitz's *Camera Work* was patterned on the Munich Secession of 1898 and, until the outbreak of World War I, the photogravures for the journal were produced in Germany. But the cultural linkages that come to the fore in Kafka's *Amerika* are expressed in other areas as well. It is known, for example, that the figure of Karl Roßmann is rooted in Kafka family history. In 1897, an older cousin, Otto Kafka, had emigrated, at the age of eighteen, first to South America and then to the United States. In 1909, his fourteen-year-old brother Franz followed, attending trade school in New York and subsequently entering Otto's export business. The parallels to the novelistic arrangement (the young Karl initially joins his uncle's firm) are conspicuous. [Peter-André Alt, *Franz Kafka. Der ewige Sohn. Eine Biographie*, Munich 2005, pp. 354–6.] But there are other stories of emigration that, although perhaps not directly known to Kafka, nonetheless constitute indispensable cultural preconditions of the world imagined in

Amerika. One thinks in this connection of Georg (later George) Boldt, (1853–1916), who emigrated from the island of Rügen to the United States at the age of thirteen, found a job in the kitchen of the Merchants Exchange Hotel, subsequently struck out for the West, but returned to New York after a flood destroyed his Texas cabin. In New York, Boldt made his way from waiter to hotel manager, finally building and managing the renowned Waldorf-Astoria Hotel in New York, which opened in 1893. When it began taking in guests, the thirteen-story hotel (expanded to eighteen stories in 1895) had 970 employees. Under Boldt's direction, the Waldorf-Astoria transformed the culture of the hotel business, not only by virtue of the expansion of scale, but also due to the customer-oriented service it provided. The subsequent flourishing of the grand hotel was an international phenomenon Hamburg's Hotel Atlantik, one of the most prominent German examples, opened in 1909. In Kafka's novel, this trend finds embodiment in the extravagantly imagined Hotel Occidental with its reticulate hierarchy of service personnel. Karl Roßmann is briefly employed there as the operator of one of the thirty elevators that transport guests to and from their rooms.

A further illustration of the cultural interconnectedness I am interested in bringing out finds expression in the peculiar final clause of the above-cited paragraph from *Der Heizer*. There we read, literally translating, that "free winds blew about the form" of divine Liberty ("Freiheitsgöttin"), with her upraised, sword-bearing arm: "und um ihre Gestalt wehten die freien Lüfte." Is this airy freedom meant to stand in semantic contrast to the petrified symbolism of the statue with its threatening sword? Are we to sense here the possibility of another freedom than that intimated by the statue's martial gesture, an ungraspable, indeed invisible freedom as unconstrained as the wind? Do these "free winds" hint at a utopian possibility in Kafka's otherwise rather bleak and oppressive vision of America? Readers will differ on the answer to these questions. But there is one aspect of the sentence about which consensus is certainly possible and that is the fact that it is a twisted quotation so well known that its authorship has nearly sunk into oblivion. Its origin is a salient moment of Reformation history. In the third of three invectives composed when Martin Luther, whose excommunication had been demanded by the Pope, was called before the Diet of Worms in 1521 to renounce his teachings, Ulrich von Hutten (1488–1523) culminates a cascade of insults directed at the German clerics supporting the Pope's position with the phrase: "videtis illam spirare libertatis auram" [Ulrich von Hutten, Opera, ed. Eduard Böcking, vol. II, Leipzig 1859, p. 34]. Less this seem merely a recondite piece of erudition, it should be recalled that Hutten's reputation enjoyed a certain blossoming across the nineteenth century. Carl Schurz, who, along with millions of others, came to the United States after the failed revolution of 1848, fought on the Union side in the Civil War, and was later appointed the thirteenth Secretary of the Interior, had planned a Hutten tragedy while a student at Bonn. In 1871, the Swiss Conrad Ferdinand Meyer (1825–1898) published a volume of linked poems entitled *Huttens letzte Tage* (*Hutten's Last Days*). The volume was sufficiently popular to reach its thirty-seventh edition by 1907. In the present context, however, the crucial nineteenth-century reference is the impassioned biography of Hutten written by the Left-Hegelian theologian David Friedrich Strauß (1808–1874). In the second volume of that biography, Strauß, who is also represented in our exhibition, unfolds a spirited paraphrase of Hutten's third invective, rendering the sentence that particularly interests us here as: "Sehet ihr nicht, dass die Luft der Freiheit weht" ("Don't you see that the winds of freedom are blowing") [David Friedrich Strauß, *Ulrich von Hutten*, part 2, Leipzig 1858, p. 175.] This translation is the ancestor of Kafka's curious phrase: "wehten die freien Lüfte".

Whether or not Kafka actually had Hutten's statement in mind when he wrote the sentence is not the important issue. We can assume that the slogan had achieved sufficient autonomy to resonate, independently of any attribution, in the collective linguistic memory of German-speaking Europe. Of course, it is hermeneutically attractive to think that we are dealing with a deliberate allusion, for in that case the contrast of the free and living movement of the air and the stone-bound, monumentalized freedom represented by the statue would call to mind an historical moment in which individual religious belief (Luther) asserted itself vis-à-vis a corrupt and oppressive official religion (Catholicism). And this juxtaposition, of course, maps neatly onto the question of Jewish cultural and religious identity, certainly one of the driving concerns of Kafka's novelistic project in *Amerika*.

What Kafka almost certainly did not know when he drew on Hutten's airy metaphor for freedom was that the very same phrase had been adopted in 1891 as the unofficial (now official) motto of Stanford University, whose first president, David Starr Jordan, was fond of quoting Strauß's German variant. For some twenty years, in other words, the citation Kafka embedded in the opening scene of his *Amerika* novel had led a slogan-like existence in California. The ground for that usage may well have been prepared by 'Forty-Eighters' such as Carl Schurz, whose American speeches often identified robust independence of thought as the core democratic virtue. For at issue in Jordan's citation of Hutten's phrase, as opposed to Kafka's, is the value of scientific inquiry unfettered by religion or conventional morality. The historical context here was the refashioning of American institutions of higher education from religiously affiliated colleges into centers of research and teaching. Jordan was one of several university presidents – others were Daniel Gilman (Johns Hopkins), Charles Eliot (Harvard), Andrew White (Cornell), and William Rainey Harper (University of Chicago) – committed to the realization of that historical project. The quotation from Hutten/Strauß, in this context, was a useful rhetorical flourish. The guiding inspiration for the university reforms, however, was Wilhelm von Humboldt, whose memorandum of 1809/10 was (and remains) a standard reference in American discussions of higher education. [Wilhelm von Humboldt, "Über die innere und äussere Organisation der höheren wissenschaftlichen Anstalten in Berlin," in: W. v. H., *Werke*, ed. Andreas Flitner and Klaus Giel, Darmstadt 1964, vol. IV, p. 255–66.] An institution of higher learning devoted to free inquiry, unconstrained by limited practical ends, religious doctrine, or conventional moralizing: this ideal, drawn from the writings of Humboldt and Schleiermacher and often most forcefully articulated by German immigrant faculty recruited to the emergent research universities, marks an important nexus in the history of German-American literary relations. Nothing documents the abiding importance of that nexus more forcefully than the great wave of immigration to the United States in the wake of Hitler's seizure of power twenty years after the publication of *The Stoker*. Our exhibition documents that historical moment in connection with such figures as Hannah Arendt, Erich Auerbach, Ernst Kantorowicz, and Paul Friedländer. Thomas Mann, who had lectured at Yale (1934) and received an honorary doctorate from Harvard (1935) before accepting a professorship at Princeton University in 1938, belongs among those émigrés who found support in the colleges and universities of the United States. The joint identification card issued to Mann and his wife Katia when they fled Germany to Switzerland in September of 1933 and no doubt used on their visits to the United States in 1934 and 1935, evocatively documents this historical moment.

With this allusion to the area of scientific research and academic institutions we broach a topic of immense importance in the history of German-American relations. Rather than develop that theme here, however, I want to return one final time to Kafka's *Der Heizer*. Two principal issues have commanded our attention thus far: translation (German/English, Latin/German) and emigration (from Europe to North America). These matters do not merely intersect with Kafka's work contingently. Rather, emigration and exile, including translation as a displacement and perpetual *diaspora* within language itself, are constitutive conditions of Kafka's work in its very existence. The publishing history of Kafka's work highlights this fact. Consider Kurt Wolff, who not only brought out *The Stoker* in 1913, but also published the first edition of *Das Schloß* (*The Castle*) in 1926 and of *Amerika* in 1927. Together with his wife Helen, Wolff emigrated first to Italy and France in the 1930's and later, with the aid of Varian Fry, to New York City in 1941. A year later, the couple managed to raise sufficient capital ($ 7500) to establish Pantheon Books. Following the acquisition of Pantheon by Random House in 1961, the couple edited the Helen and Kurt Wolff Books for the publisher Harcourt, Brace, and Jovanovich. Exile likewise marks the history of Kafka's other early publisher Schocken Books, established in Berlin in 1931 by the wealthy department store owner Salman Schocken. Although 'German' publishers were forbidden to market books by Jewish authors after the Nazi seizure of power, Schocken was allowed to continue producing books for a 'Jewish' readership. This is where Max Brod found a home for Kafka's work, with a collection of his stories entitled *Vor dem Gesetz* (*Before the Law*) appearing in 1934 to be followed a year later by the three novels. After a glowing review by Klaus Mann in the exile journal *Die Sammlung* (*The Gathering*), Kafka's works were banned in Germany and in 1939 the Schocken publishing house was closed down altogether. Salmon Schocken, who during the thirties had in part conducted his business from Palestine, reestablished his firm there in 1939, but moved to New York a year later, where he opened Schocken Books in 1945. The chief editors were Hannah Arendt and Nahum Glazer. It was from this platform, and thus from the very city in which, in 1913, Karl Roßmann had fictionally arrived, that Kafka's work entered the English-speaking world and subsequently achieved recognition as one of the supreme achievements of modern world literature.

Archival materials are often thought to be the province of the philologist, whose task it is, let us say, to reconstruct the *correct* text: the text as it was intended to be. Intention governs not merely the letter, but also the spirit, and in drafts and manuscripts both letter and spirit are discernible, intricately intertwined, in ways that published versions of necessity obscure. They are observable in their process of formation. During the past thirty years, this meaning-in-its-becoming has emerged as the object of attention for an entire school of textual editors and genetic critics. Archival material is no longer approached merely as a means for establishing the valid or final meaning, but rather as the visible trace left by a meandering flow of literary productivity that in some cases never reaches a state of completion. Definitive, publishable texts, once the *telos* of the editorial process, now appear as contingent artifacts determined by more or les arbitrary editorial decision, the technology of print, and the convenience of readers. As such, they dissimulate the very reality from which they issue. The leading idea is kindred to the fundamental thought of Goethe's science of morphology: "Der Deutsche hat für den Komplex des Daseins eines wirklichen Wesens den Begriff Gestalt. Er abstrahiert bei diesem Ausdruck von dem Beweglichen, er nimmt an, daß ein Zusammengehöriges festgestellt, abgeschlossen und in seinem Charakter fixiert sei. Betrachten wir aber alle Gestalten, besonders die organischen, so finden wir, daß nirgend ein Bestehendes, nirgend ein Ruhendes, ein Abgeschlossenes vorkommt, sondern daß vielmehr alles in einer steten Bewegung schwanke."
[Johann Wolfgang Goethe, *Sämtliche Werke. Briefe, Tagebücher und Gespräche*, ed. Friedmar Apel [et al.], I,24: *Schriften zur Morphologie*, Frankfurt a. M. 1987 f., p. 392.] – "For the complex of existence of a real being the German has the word *Gestalt*. With this expression he abstracts from that

which is in movement; he assumes that a coherent something has been determined, completed, and fixed in its character. When, however, we contemplate all forms, especially the organic ones, we find that nowhere is there given something perduring, nowhere something at rest, nowhere something completed, but, rather, that everything sways in constant movement."

One should not imagine that, for Goethe, this thought pertains only to the natural world, even if that is what he has principally in view here. As the *Zueignung* (*Dedication*) to *Faust* reveals, Goethe's own experience of the artistic process conformed to the dialectic of miasmic imaginary and textual fixation: "Ihr naht euch wieder, schwankende Gestalten! / Die früh sich einst dem trüben Blick gezeigt. / Versuch' ich wohl euch diesmal fest zu halten? / Fühl ich mein Herz noch jenem Wahn geneigt?" [Ibid, I,7.1, p. 11.] – "You approach once again, swaying forms! / Who once in former times revealed yourselves to my dim regard. / Should I try this time to hold you fast? / Do I feel my heart inclined to that delusive dream?"

Let us consider a simple and therefore quite transparent example. Every reader of Kafka's *Proceß* (*Trial*) will recall the moment in the chapter "Im Dom" ("In the Cathedral") when Josef K., about to exit the church, is suddenly called out by the priest: "Fast hatte er schon das Gebiet der Bänke verlassen und näherte sich dem freien Raum, der zwischen ihnen und dem Ausgang lag, als er zum ersten Mal die Stimme des Geistlichen hörte. Eine mächtige geübte Stimme. Wie durchdrang sie den zu ihrer Aufnahme bereiten Dom! Es war aber nicht die Gemeinde, die der Geistliche anrief, es war ganz eindeutig und es gab keine Ausflüchte, er rief: 'Josef K.!'" [Franz Kafka, *Die Romane*, Frankfurt a. M. 1997, p. 543.] – "He had almost left the area of the benches and was approaching the free space that lay between these and the exit when he heard the priest's voice for the first time. A powerful practiced voice. How it penetrated the cathedral that was prepared to receive it! But it wasn't the congregation whom the priest called on, it was entirely unambiguous and there was no escape, he called: 'Josef K.!'"

If we look at the manuscript (8 recto) of this passage, we find that it reveals a telling change of mind on Kafka's part. The sentence that emphasizes the effectiveness of this powerful and practiced voice "Wie durchdrang sie den zu ihrer Aufnahme bereiten Dom!" – "How it penetrated the cathedral that was prepared to receive it!" is the modification of an earlier formulation: "Sie hätte, so meinte man, Wolken durchdrungen, um wie viel mehr durchdrang sie den zu ihrer Aufnahme bereiten Dom!" – "It would have, as one supposed, penetrated clouds, how much more did it penetrate the cathedral that was prepared to receive it." Seeing both variants together, as the manuscript (or its photomechanical reproduction) allows us to do with its crossed-out phrase and inserted *Wie* (capitalized), enables us to apprehend a moment of *Umgestaltung*, as Goethe would say, a re-figuration within the writing process. The first thing we notice is that mistakes are made; the process is halting and self-corrective. Thus, the original formulation introduces an act of thought ("so meinte man" – "as one supposed") external to Josef. K.'s own and thus deviates from the novel's otherwise consistent focalization of the protagonist's perspective. What collectivity is referred to with the word 'one' ('man') and whence comes the authority to speak in its name? The text-internal standards of consistency and plausibility required that Kafka abandon the recurrence to a heterogeneous cognitive standpoint and hold to his use, from the novel's first sentence on, of free indirect discourse (the exclamation: "Wie durchdrang ..." expresses a subjective response in K. himself). Second observation: for Kafka, the writing process is a battle waged against redundancy. The initial formulation replicates the verb *durchdringen*, first as past participle, then as finite verb in the imperfect tense. But this duplication, far from strengthening the crucially significant verb, diminishes its force. How much more emphatic the finite verb alone, standing at the head of the sentence, introduced solely by the exclamatory "Wie". As for the comparative construction organizing the sentence structure of the original, its logical vagueness would have severely attenuated the connotation of precision and effectiveness that the immediate context demands. It too had to be rejected.

These are essentially negative results, but the manuscript also makes manifest something positive that reproduction solely of the end product of the revision process – the so-called 'final' version – occludes. The excised clause, that is, betrays a metaphysical or religious dimension of meaning that colors the overall significance of the scene. Recall the narrative situation: From the priest who, in the cited passage, calls him out, Josef K. will presently hear the parable known as *Vor dem Gesetz* (*Before the Law*). That parable, to abbreviate its purport drastically, will instruct him in the relationship that holds between his own person and the law. The appellation that reaches him in the passage we are examining, therefore, summons K. – beyond any possibility of escape ("Ausflüchte") – before the law. Within this overriding context, the sentence that occupies our attention has the function of rendering the peculiar quality of the voice pronouncing the appellation. Kafka's first instinct, if I may put it that way, was to lend the voice the capacity to penetrate clouds. A strange way to characterize a human voice (that of the priest), one might think, for how could anyone know *that* about it? After all, there are no clouds here in the cathedral and weather, in any case, seems an extraneous topic. But of course clouds in a meteorological sense are not what the excised phrase refers to. At issue, rather, is a feature of the voice of God, as when – this is doubtless the relevant passage – Moses receives the Law on Sinai (II. *Moses* 24, 15–16). The meaning 'God's voice', which the manuscript preserves beneath Kafka's act of excision, suffuses the surrounding text, making intelligible, for example, why the voice is 'powerful' (God is omnipotent) and 'practiced' (it has spoken before). And since the voice in question here is divine, then it is understandable why the cathedral is 'prepared to receive it', something that could hardly be said of a merely human voice. Of course, both variants tell us that K. hears 'the voice of the priest' ('die Stimme des Geistlichen'), but the priest is by definition a vicar and his voice, therefore, can and ought to convey that of God. Such is the metaphysical shadow cast by the stricken clause and, although stricken, it remains as a component of the textual meaning. Anyone who undertakes to interpret the parable *Vor dem Gesetz* (perhaps Kafka's most enigmatic and most intensely studied text) while ignoring the religious connotation evoked by the excised phrase will pay the price of hermeneutic irrelevance. At the same time we must not lose sight of the fact that Kafka checked his first instinct, retracted the *explicit* (if allusive) formulation, and chose instead to hold the religious significance in latency. The process of writing, I noted above, is for Kafka a battle against redundancy, but it is equally a balancing act on a tightrope. The condition of its success is an acrobatic agility that immediately readjusts the movement of sense as soon as it threatens to fall into the depths of openly averred profundity. Had it been allowed to remain standing, the excised phrase would have transformed the uncertain, threshold quality of the scene into something approaching conventional belief.

The approach to archival material illustrated with regard to the manuscript of *Der Proceß* remains within the scope of philology; its aim is to secure the meaning of the traces made available by the manuscript, even if that meaning is no longer viewed as fixed, but as hesitant, tentative, in flux. It is also possible, however, to consider archival material from an aesthetic point of view, to see manuscripts, notes, sketches, letters, dedications, etc., *as aesthetic objects in themselves*. Of course, we are not talking of artworks in any elevated sense of the term, but of an extra- or para-artistic domain of objects that nonetheless embody aesthetic qualities such as perceptual salience, density of meaning, emotional resonance. Many features of the contemporary culture of exhibitions have as their purpose to display objects in such a way that these qualities optimally emerge into view. In a sense, this is not surprising. Like many spheres (for example, social interaction, clothing, athletics), writing has been subject to stylization according to historically variable norms and this is true, too, of manuscripts, letters, and other graphic configurations. The aesthetic contemplation of archival material I am interested in highlighting here, however, is not principally concerned with the relative 'beauty' of handwriting, but with a much broader range of aesthetic qualities.

No doubt the best way to get at this question is via an example. Consider the secret, internal dedication that Hölderlin inscribed between the first and second volumes of his novel *Hyperion* (1797/99), which he had had bound together as a gift for Susette Gontard. There is much that one can learn from this inscription about the relationship between the two, its emotionality, its clandestine character, its risks and transgressions, and such insights into the life-situation from which the novel emerged tell us important things about the novel itself. But in addition to the biographical and literary-historical knowledge it *indicates*, the inscription *displays* qualities that emerge into view only when it is regarded aesthetically. "Wem sonst / als / Dir." – "To whom else / but / You." From the aesthetic standpoint, what strikes us initially is a forceful contrast. The depth and urgency of feeling, which in the novel are sublimated into the delicately balanced periodic structures of Hölderlin's prose, seem to surge through their classicizing artistic containment and spill over into the simplicity of a handwritten four-word phrase. But the very fact that aesthetic contemplation contrasts these two modes of expression presupposes a background of equivalence against which the contrast is perceived, in this case the equivalence between the two printed volumes of the novel, on the one hand, and the brief, apparently 'artless' dedication on the other. [On the tradition of the dedicatory formula

'Wem sonst als Dir' see Detlev Opitz, "Schicksale Scheusale Labsale – Bücher", in: *Vom Schreiben 6. Aus der Hand oder Was mit den Büchern geschieht*, Marbach a. N. 999, S. 26 f.] Novel and dedication acquire, when viewed in this way, equal weight; they are interchangeable, the same content expressed in radically different codes. And since the dedication is so structured that its only positive content is the second person personal pronoun ("Wem sonst als ..." is a quasi-negation, an evacuation of semantic alternatives), the implication is that *the entire world of meaning disclosed in the novel is only an elaborate paraphrase of what is said in the single word 'Du'*. The vertical arrangement of the words likewise invests the pronoun with maximal semantic weight. The gesture of dedication always implies the bestowal of a gift. Here the gift the artist offers is everything he has – his entire creative self – and in offering it he is only returning what she – the 'you' of the dedication – has given him. Therefore, there are no alternative recipients (such is the implication of the rhetorical question: "Wem sonst als ..."); hence there is no prior act of selection. Rather, the gift made explicit in the dedication obeys a necessity, returning the novel and the novel's world to the source from which they issued, and that necessity flows from the irreplaceable singularity of the beloved. Moreover, since the first volume closes with lines proclaiming the advent of a divine beauty in which humanity and nature are to find their unity, then the very placement of the dedication on the otherwise empty page *following* those lines suggests a second, more local equivalence: between the metaphysical Idea of Beauty and Susette Gontard, the person referred to by the pronoun *Du*. Once we see all of this, we also understand as expressive (and not merely a matter of secrecy) the fact that the dedication is inscribed at the *center* of the two volumes. The 'you' named there is the very 'heart' of the novel: its life, its animating ideal.

Hölderlin's dedication establishes an aesthetic order that embraces both the dedication and the novel in which it is inscribed. Within this order, patterns of equivalence and contrast support, as we have seen, an economy of semantic and affective exchange between donor and recipient. That economy, it could be shown, corresponds to a broad-based Romantic paradigm, the myth of specularity. [Cf. David E. Wellbery, *The Specular Moment. Goethe's Early Lyric and the Beginnings of Romanticism*, Stanford (Cal.) 1996.]

The second example that I wish to call attention to is rooted in quite a different mythic and intellectual world. I refer to the note Nietzsche wrote to Lou Andreas-Salomé on Friday, August 25, 1882: "Zu Bett. Heftigster / Anfall. Ich verachte / das Leben. / FN." – "To bed. Most violent / attack. I have contempt / for life. / FN." The fascination that this brief text irradiates derives from the fact that it is situated at the border between a purely pragmatic communication and a freestanding work. As such, it carves an aesthetically poignant arc between events in Nietzsche's life and the core concerns of Nietzsche's thought. To see this, however, it is necessary to sketch in the situation in which the note was written.

In June, 1882, Nietzsche took up residence in a summer retreat chosen for him by his sister Elizabeth in the hamlet of Tautenburg in Thuringia, not far from the Dornburg castle to which Goethe had retired half a century earlier (July, 1828) following the death of the Archduke Carl August. Hardly arrived, Nietzsche wrote to Lou on June 26, inviting her to spend the month of August there with him. The plan was that Lou and Nietzsche's sister Elizabeth would take rooms in the house of the local minister, with Nietzsche residing in a *pension* nearby. Since they had made one another's acquaintance in St. Peter's Basilica in Rome in April of the same year, Nietzsche and Lou had formed, together with Paul Rée, an extravagantly idealized, emotionally complex triangular relationship, which they called their 'trinity' ('Dreieinigkeit'), in allusion no doubt to the backdrop of their initial encounter. The long-range plan was for the three to study and live together in Paris or Vienna, jointly committed to a shared intellectual project. But at least for the duration of the Tautenburg stay Nietzsche and Lou were to be alone, albeit under the moral scrutiny of their chaperone Elizabeth. As his letter of June 26 reveals, Nietzsche's avowedly *pedagogical* intention in inviting Lou was intertwined with fantasies of procreation and a literary afterlife: "ich wünschte sehr, Ihr *Lehrer* sein zu dürfen. Zuletzt, um die ganz Wahrheit zu sagen: ich suche jetzt nach Menschen, welche meine Erben sein könnten; ich trage Einiges mit mir herum, was durchaus nicht in meinen Büchern zu lesen ist – und suche mir dafür das schönste und fruchtbarste Ackerland." [Friedrich Nietzsche, *Sämtliche Briefe. Kritische Studienausgabe in 8 Bänden* (KSB), ed. Giorgio Colli and Mazzino Montinari, vol. 6, München 1986, p. 211.] – "I very much wish to be allowed to be your teacher. Finally, to tell the entire truth: I am now looking for individuals who could be my heirs; I am carrying much within me that is not at all to be read in my books – and am seeking for that the loveliest and most fruitful earth for planting."

Given such complexly knotted motivations on Nietzsche's part along with the fraught triangular arrangement of sister, brother, and strikingly beautiful, brilliant young woman, disaster was all but inevitable. On August 26, Lou departed, and Nietzsche was left to contend with the conspiratorial machinations of his sister and, subsequently, the outrage of his mother. The correspondence between Nietzsche and Lou continued, the plans for a communal program of study remained alive, and the performance of Nietzsche's musical setting of a poem by Lou (to which we shall return) promised, in Nietzsche's eyes, a path on which the two could enter enduring fame together. [Ibid., p. 260.] In October, the 'trinity' of Nietzsche, Lou, and Rée was reunited in Leipzig for three weeks, but internal tensions (especially Nietzsche's jealousy) became increasingly manifest. This would, in fact, be Nietzsche's and Lou's last time together. Following Lou's and Rée's departure, Nietzsche abandoned the Paris plan, returning instead to Italy and solitude, "more hermit [*Einsiedler*] than ever before" [ibid., p. 288.] The correspondence with Lou and Rée then became increasingly bitter and accusatory until the final break at year's end. And so the episode concludes: Nietzsche alone and embittered, filled with a sense of betrayal, alienated from his family. In this condition, he begins writing *Also sprach Zarathustra*, whose eponymous hero leaves his solitude in order to bring his message to humanity only to suffer, as Nietzsche had before him, painful disappointment leading again to self-imposed isolation.

Such is the broad narrative context within which the note that occupies our attention ("Zu Bett") has its place. As we turn our focus now to the Tautenburg sojourn itself, two predominant thematic strands command our attention. The first has already been mentioned: the pedagogical motif, with Nietzsche as teacher and Lou as responsive pupil, the first pupil, in Nietzsche's view, capable of grasping – and living! – his ideas. Their days together are occupied in intense dialogue; the conversations last – by Lou's account – as long as ten hours. But the pedagogical process also includes written texts. In fact, we owe to the Tautenburg idyll one of the genuine treasures from Nietzsche's pen: ten succinct theses encapsulating his *Doctrine of Style* (*Zur Lehre vom Stil*). The first and fifth, which together provide something of a key to Nietzsche's writing technique, deserve quotation: "1. Das Erste, was noth thut, ist Leben: der Stil soll *leben*." "5. Der Reichthum an Leben verräth sich durch *Reichthum an Gebärden*. Man muß Alles, Länge und Kürze der Sätze, die Interpunktionen, die Wahl der Worte, die Pausen, die Reihenfolge der Argumente – als Gebärden empfinden lernen." [Ibid., p. 244.] – "1. The first thing that is necessary is Life: style should *live*." "5. Abundance of life is revealed through the *abundance of gestures*. One must learn to sense everything, length and brevity of the sentences, punctuation, the choice of words, the pauses, the sequence of arguments – as gestures." For our purposes, it is especially interesting to note how Nietzsche finishes his list of stylistic principles. Set off to the right beneath the ten commandments of good writing stand a signature and a greeting: "F.N. / Einen guten Morgen, / meine liebe Lou!" [Ibid., p. 245.] – "F.N. / A good morning, / my dear Lou!" Apparently Nietzsche had brought the text to the minister's house where Lou and Elizabeth were staying and left it as a kind of early morning lesson for his pupil. This seems to have been a regular practice. A similarly signed set of propositions on such topics as the nature of heroism, male and female attitudes toward erotic love, and human greatness bears a cognate greeting and signature as does a set of three rhymed couplets entitled *Summer 1876* (*Sommer 1876*) [Ibid., p. 242–3, 245]. Parallel to the conversations, then, there was traffic in written texts as a medium of pedagogical influence. In addition to the content of Nietzsche's theses on style, however, what is particularly interesting about the document is the placement of the signature "F.N." *between* the numbered propositions and the personal words of greeting for "dear Lou". This intermediate position dramatizes the signature's double reference: on the one hand, to the *author* of the numbered and title-bearing statements that precede it; on the other hand, to Nietzsche as individual in the more intimate role of, shall we say, vacation companion. The same duality, as we shall see, inhabits the brief note "Zu Bett".

The second theme of the Tautenburg summer that requires emphasis is the general *concern for pain* on the part of both Nietzsche and Lou. Nietzsche, whose sufferings – migraines, poor eyesight, nausea – are legendary, regarded Lou's health as more precarious than his own, even speculating that she might pre-decease him. But pain is also a central topic of discussion between teacher and student; one might even say it is their bond. Even before she arrived in Tautenburg, Lou had sent Nietzsche a poem entitled *To Pain* (*An den Schmerz*), which Nietzsche subsequently passed on to his friend, the composer Heinrich Köselitz, with the intention of having it set to music. To Köselitz he writes: "Es [das Gedicht] gehört zu den Dingen, die eine vollständige Gewalt über mich haben, ich habe es noch nie ohne Thränen lesen können; es klingt wie eine Stimme, auf welche ich seit meiner Kindheit gewartet und gewartet habe." [Ibid., p. 223.] – "It [the poem] belongs among those things that have complete power over me, I have never been able to read it without tears; it sounds like a voice for which I have waited and waited since childhood." A stanza from the poem reveals what we can assume to be the general tendency of Nietzsche's and Lou's discussions of pain: "Und drum, kannst du mir nur für Glück und Lust / Das Eine, Schmerz, die *ächte Größe* geben, / Dann komm und laß uns ringen, Brust an Brust, / Dann komm und sei es auch um Tod und Leben –" [ibid., p. 214]. – "And so if you can give me in return for happiness and pleasure / Just this one thing, pain, *authentic greatness.* / Then come and let us wrestle breast to breast, / Then come, even if it's a fight for life and death –". The poem echoes thoughts that are familiar from Nietzsche's writing: Because pain and suffering are unavoidable aspects of life, the challenge is to find a justification of life – a reason for living – that doesn't rest on optimistic illusions. The option rehearsed in the poem *To Pain* – as in a second poem of Lou's, *Prayer to Life* (*Gebet an das Leben*) – is heroic resistance. Suffering becomes an opportunity for authentic greatness and *that* is a value that justifies and gives meaning to what might otherwise seem a pointless enterprise. Thus, the poem that, set to Nietzsche's own music, was to be his and Lou's shared path to an afterlife of fame, concludes with this address to Life: "Hast du kein Glück mehr übrig mir zu geben, / Wohlan – so gieb mir deine Pein." [Ibid., p. 249.] – "If you have no more happiness to give me, / So be it – then give me your pain."

All these poetic formulations are variants of what Nietzsche will later call 'Yea-saying' (*Ja-Sagen*): affirmation even in the face of inescapable suffering. The crucial matter is not to turn away from life, but to embrace it *with its pain*. Against the experiential and ideological background sketched in the foregoing, the aesthetic density of

Nietzsche's brief note of August 25 "Zu Bett" profiles itself. On the one hand, of course, the note fulfills a purely pragmatic function, informing Lou that Nietzsche is indisposed due to a violent attack of migraine. The following morning, before Lou awakens, he will leave another note excusing himself for his absence: "Pardon für gestern! Ein heftiger Anfall meines dummen Kopfleidens – heute vorbei." [Ibid., p. 246.] – "Pardon me for yesterday! A violent attack of my stupid head pain – over with today." Viewed in these terms, the signature "FN." that concludes the note refers merely to Nietzsche the individual, who, due to an acute headache, cannot meet his correspondent as planned, and the significance of the note is exhausted in the transmission of this bit of information. But there is also a way in which the note transcends its purely occasional significance and becomes part of the written *œuvre* with which Nietzsche, more intensely perhaps than anyone before him, sought to assure his afterlife of fame. In this sense, the initials "FN." refer not to a particular individual, but to an authorial persona. As it were, with this little note Nietzsche elevates himself beyond the ephemeral moment. That act of self-elevation is what he is demonstrating – recall the pedagogical dimension of their relationship – to Lou.

What enables the note to claim a validity transcending its situation of use and establishes it as an "eminent text" [Hans-Georg Gadamer, Gesammelte Werke, vol. 8, Tübingen 1993, p. 286–95] is the sentence that exceeds the function of conveying information and establishes an *evaluation*: "Ich verachte das Leben" – "I have contempt for life". With this sentence, Nietzsche extricates himself from his pain, which nonetheless never ceases to oppress him, and assumes a standpoint from which not merely that actual pain, but the entirety of Life of which it is a part can be condemned as base, unworthy of serious attention, banal and boring perhaps, ignoble, and thus contemptible. The attitude of "Verachtung" ("contempt", "disdain") is a component of what Nietzsche called the "pathos of distance", the distinguishing characteristic of the strong, noble, and commanding human type. The note's crucial sentence is a linguistic gesture with which Nietzsche *performs* just such nobility. This seems paradoxical, however, since the contempt of life the note expresses would appear to contravene the doctrine of heroic affirmation we saw to be the core thought of Nietzsche's and Lou's discourse on pain. Isn't the attitude of contempt a failure to achieve the justification of Life conceived as unavoidably painful? The answer to this question that Nietzsche will eventually arrive at is: yes and no. Thus, in Part One of *Also sprach Zarathustra*, which was composed in the months immediately following the break with Lou, Nietzsche includes a chapter "Von den Verächtern des Leibes" ("On Those Who Have Contempt the Body") that traces such contempt to an incapacity to achieve creative self-transcendence ("über sich hinaus zu schaffen") [Friedrich Nietzsche, Sämtliche Werke. Kritische Studienausgabe (KSA), ed. Giorgio Colli and Mazzino Montinari, Munich 1988, vol. 4, p. 40.]. On the other hand, Nietzsche held that in such acts of self-negation Life itself comes to expression and finds a meaning – even if that meaning be the 'denial of life' – that allows it to go on. Recalling Nietzsche's doctrine of style, we can say that the statement "Ich verachte das Leben", whatever its content, is *qua* performative gesture a testimony to Life's vitality. The paradox of Nietzsche's note to Lou, then, is that the act of condemnation turns out to be an affirmation. In *Zur Genealogie der Moral* (1887), Nietzsche develops an analysis of the 'ascetic priest' that makes this paradox explicit: "Man versteht mich bereits: dieser asketische Priester, dieser anscheinende Feind des Lebens, dieser *Verneinender*, – er gerade gehört zu den ganz grossen *conservierenden* und *Ja-schaffenden* Gewalten des Lebens" [KSA, vol. 5, p. 366] – "One understands me already: this ascetic priest, this apparent enemy of life, this *denier*, – precisely he belongs among the great conserving and Yea-creating powers of Life". Read aesthetically as an eminent text, Nietzsche's note to Lou makes perceptible an act of creative self-transcendence accomplished in language. As such, it experiments with possibilities of style and self-stylization that are fully exfoliated in Nietzsche's work from *Zarathustra* on.

What we are calling the *aesthetic dimension* of the archival materials displayed here is their capacity to bring to expressive salience and give structure to a cluster of contextual meanings, to embody those meanings in their very material execution. As the two illustrations discussed thus far – Hölderlin and Nietzsche – illustrate, these meanings can differ widely. What unites the two examples, though, is that in both cases a world of thought and feeling becomes accessible to us in a perceivable array. An interesting feature of this phenomenon is that it need not be intentional. When, for example, David Friedrich Strauß, whom we encountered above as the biographer of Ulrich von Hutten, recorded in his notes to Hegel's university lectures on the Philosophy of World History that Hegel had died of cholera on 14 November 1831, he certainly had no idea that his spontaneous inscription would acquire in retrospect such semantic density. Today it is impossible to look upon that page without thinking that it registers not merely Strauß's emotional response to the news of Hegel's death, but also a decisive historical turning point. The era of Absolute Spirit seems to come to an end in the wavering graphic mark with which Strauß simulated the Cross. It is as if the handwritten Cross demonstrated that Hegel's endeavor to absorb religious doctrine into the movement of his thought and thus to elevate the language of religious representation to the level of conceptual articulation reached its limit in the fact of individual mortality. Only four years later the twenty-seven-year-old Strauß would publish his controversial study *Das Leben Jesu* (*The Life of Christ*), the 'demythologization' of Christ's life that would usher in the robust atheism characteristic of the later nineteenth century. The death of God, finitude, the opaque absurdity of existence: these great themes of the nineteenth century achieve, for us, a crepuscular aesthetic presence in Strauß's shaky symbol.

It is worth noting that the aesthetic dimension of certain of the objects exhibited is to be distinguished not only from their philological significance, as we did at the outset, but also from the *value of authenticity*, which they indisputably bear as well. Authenticity can be described as causal-material descent from a singular and valued origin. The fascination that authenticity exerts on us is kindred to contagious magic, in which a history of physical contact with an object endows it with a peculiar power. Almost any object from our exhibition would do as a demonstration of this fascination, but, since our point here is to draw a distinction, let us consider briefly the manuscript of Hugo von Hofmannsthal's (1874–1929) tercets *Über Vergänglichkeit*, published in 1896 in Stefan Georges *Blätter für die Kunst*. Hofmannshal is best known to the American public for his collaboration with the composer Richard Strauss, but his lyric poetry, almost entirely the product of his youth, is one of the great achievements in that genre in the German language. This poem in particular, with its remarkably unconstrained use of the *terza rima* form, its purity of tone, its simple yet profound evocation of the mysteries of human temporality, belongs among the poet's most compelling creations. The manuscript preserved in the *Deutsche Literaturarchiv Marbach* (estate of Cäsar Flaischlen, editor of the literary periodical *Pan*) bears little by way of philologically revealing information. Comparing the original with the published version, the philologist will note minor changes: the elimination of the Greek epigraph (from Heraclitus), the alteration of word order in the first line, the addition of a comma, and thus of a pause, in the third. And perhaps the slight elevation and isolation of the word "Haar" at the end of the manuscript's final two lines will suggest how crucial this rhyme, collapsed into repetition, is to the poem's intended effect. But such philological information could have been acquired from a careful description of the manuscript that itself has no causal or material continuity with Hofmannsthal's act of writing. What is irreplaceable here is not the revelation of authorial intention, but the fact that this document issued from Hofmannsthal's hand. Since the rediscovery of Walter Benjamin's treatise *Das Kunstwerk im Zeitalter seiner technischen Reproduzierbarkeit* (*The Work of Art in the Age of its Technical Reproducibility*), it has become a commonplace to inveigh against the cult of authenticity. But could one really endorse a culture that did not preserve and cherish artifacts that descend from origins formative of its self-understanding? The answer is obvious enough and requires no further elaboration. The larger point that we seek to bring out with the example of Hofmannsthal's manuscript, however, is this: Whereas both authenticity and aesthetic value (in the sense that term is employed here) are inseparable from the material existence of the object in question, they are by no means identical. Hofmannsthal's manuscript holds our attention due to its connection to the prodigiously talented twenty-year-old author whose contribution to the history of German-language poetry is indisputable. This fascination, however, is independent of its aesthetic interest, which must be counted as relatively weak.

Our final experiment in the aesthetic reading of archival material takes as its object Heinrich von Kleist's (1777–1811) letter of 21 December 1807 to the Tübingen publisher Johann Friedrich Cotta. Kleist's purpose in writing the letter was to seek Cotta's support for the monthly literary and art journal *Phöbus*, which he was about to launch from Dresden together with Adam Müller. Included with the letter was an announcement of the journal that Kleist hoped Cotta would insert in his own *Morgenblatt für gebildete Stände* (*Morning Paper for Educated Classes*), where Kleist had published his novella *Jeronimo und Josephe* just three months before. The appeal for support was successful, since the announcement did in fact appear, first in a short version on January 4, 1808, then in complete form a week later. Such is the literary-historical significance of the document. From the aesthetic point of view that we are adopting here, however, the significance of the letter is that it renders salient the existential significance of epistolary communication in a social context characterized by clearly articulated hierarchies. By virtue of his background in the Prussian military as well as his relative impecuniousness, Kleist had direct experience of what it means to have ones social position, indeed ones very survival, depend, completely and without other recourse, on the decision of another human being who happens to occupy a socially superior rank or a financially more secure position. Moreover, he possessed a keen understanding of the rhetorical art that such situations of sheer dependency require. It is an art of ritualized praise that declares the petitioner's respect and even awe vis-à-vis the addressee and does so without seeming hollow. It is an art of establishing presuppositions that make an affirmative response to the request all but unavoidable. It is an art of self-presentation and self-recommendation that must achieve a delicate balance between modesty and confidence. This multi-layered rhetorical art finds almost perfect embodiment in Kleist's letter to Cotta, which even in its disposition on the page and its scriptural ornamentation evinces the situation of social dependency that Kleist seeks to master, even though the transaction he endeavors to bring about is essentially commercial. It is not unimportant to note that, in composing the announcement, Kleist (or, more likely, Adam Müller) had presumed as achieved the very state of affairs the letter seeks to bring about: not only that Cotta would publish the announcement, but also that he would agree to collect subscriptions to *Phöbus*. Likewise, the suggestion that the editors had reason to 'hope for' Goethe's participation may have been overstated. Just four days prior to Kleist's letter to Cotta, Müller had written to Goethe requesting contributions to the journal. A letter Kleist himself sent to Goethe (January 24, 1808) accompanying the first issue of *Phöbus* implies that Goethe had, either directly or indirectly, indicated his willingness to offer something, but it is by no means clear that this response had already reached Dresden by the time Kleist penned the letter to Cotta. In other words, the mention of Goethe's name in connection with the journal is probably a bluff and, as it turned out, Goethe never wrote anything for the short-lived *Phöbus*-project (although a second advertisement had extravagantly claimed his 'favor'). Thus, if the letter appears in every detail as an elaborate scriptural bow to the publisher, this is because it is sent into a situation of considerable existential risk. In the above mentioned letter to Goethe, Kleist characterized himself as appearing before the recipient whose acknowledgment and aid he sought "auf den Knieen meines Herzens" ("on the knees of my heart") [Heinrich von Kleist, Sämtliche Werke und Briefe, Bd. 4: Briefe von und an Heinrich von Kleist, ed. Klaus Müller-Salget and Stefan Ormanns, Frankfurt a. M. 1997, S. 407]. He was capable, in other words, of wagering his deepest aspirations and his entire affective life on the success of an epistolary appeal, while understanding full well the uncertainties that attend every scriptural communication. Exactly this combination of total investment and radical uncertainty constitutes the pathos of much of Kleist's writing. That pathos is aesthetically accessible to us in the letter to Johann Friedrich Cotta.

GERMAN CLASSICISM IN AMERICA

Because it focused on Kafka's *Der Heizer* and the German-American cultural interlacing it evinces, our initial look at the archive left the misleading impression that the transnational perspective taken there is valid only for modernity. It is certainly true that the conditions of transportation and communication characteristic of the twentieth century multiplied and intensified the international character of cultural production and dissemination, but this is not to say that transnational cultural networks are exclusively a feature of the past hundred years. Perhaps no document in the exhibition can bring out this point more forcefully than the record of a newspaper article documenting Alexander von Humboldt's and Aimé Bonpland's arrival in Bordeaux, rounding out their five-year exploratory trip to the Caribbean and South America. That journey, the scientific results of which are widely regarded as laying the groundwork for the modern disciplines of physical geography and meteorology, had concluded with a yearlong sojourn in Mexico and a brief stay in the United States. There their researches attracted broad interest, including that of Thomas Jefferson, who occupied the Presidency. When they finally departed for Europe, Humboldt and Bonpland set sail from the mouth of the Delaware River.

Humboldt's diaries of the Mexican portion of his trip contain a memorable, but hardly translatable apothegm: "Alles ist Wechselwirkung" [Alexander von Humboldt, *Reise auf dem Rio Magdalena durch die Anden und Mexico*, ed. von Margot Frank, vol. 1, Berlin 1986, p. 358]. One might say: "Everything is interdependent" or "Everything exists in relations of mutual cause and effect". The concept of "Wechselwirkung" quite probably derives, directly or indirectly, from Fichte, whose philosophical heyday in Jena (1794–95) coincided with Humboldt's frequenting the Jena-Weimar coterie of Goethe and Schiller. Humboldt meant the phrase to capture a fundamental fact of nature, but it can also be taken to express a social fact that constitutes a notable feature of Humboldt's scientific work, namely that the production of knowledge rests on communicational interchange. Humboldt provides the paradigm case of the contemporary figure of the 'networker'. The abundance of his international contacts, enhanced by his impressive political connections and later by his enormous fame, constituted an important precondition for his scientific work. For this reason, his life and work give warrant to a transnational approach to cultural production.

Our focus is the cultural "Wechselwirkung" linking the German-speaking lands with the United States in the first decades of the nineteenth century and Humboldt's career provides multiple inroads into this network. His relationship to a certain Franz Lieber is a particularly interesting case in point. Humboldt met Lieber in Rome, where the latter was in political asylum, having escaped arrest for subversive political activities during his studies at the University of Jena. Humboldt and the Prussian ambassador to the Vatican, Barthold Niehbur, successfully sought a pardon for Lieber, allowing him to return to Berlin, where he frequented the salon of Henrietta Herz and made the acquaintance of Wilhelm von Humboldt, while renewing his relationship with Alexander. In 1824 Lieber was mistakenly arrested for sedition. Two years later he managed to escape to England, where he stayed briefly before moving on to the United States, arriving in Boston in 1827 and changing his name to Francis. There he became involved with a group of intellectuals devoted to creating an American national culture. Among these were Edward Everett (1794–1865), and George Bancroft (1800–1891), editor and contributor to the important periodical *North American Review* and both graduates of the University of Göttingen. Articles by Everett and Bancroft in *North American Review* introduced American readers to the works of Herder, Schiller, and Goethe. To put the matter another way, these articles, and the intellectual milieu from which they emerged, established the groundwork for an American reformulation of German classicism. The important point to keep in view is that this reformulation took place in the context of an ongoing exchange between Americans and their German counterparts. Lieber, for example, carried on a correspondence with Wilhelm von Humboldt, whom he provided with publications on American Indian languages, the systematic study of which had been initiated in 1819 by the American Philosophical Society. Humboldt, for his part, sent Lieber several of his own publications, including his correspondence with

Schiller. [Cf. Kurt Mueller-Vollmer, "German-American Cultural Interaction in the Jacksonian Era: Six Unpublished Letters by Francis Lieber and John Pickering to Wilhelm von Humboldt", in: *Die Unterrichtspraxis/Teaching German* 31 (1998), p. 1–11.] Between 1829 and 1833, Lieber edited the thirteen-volume *Encyclopedia Americana*, a project he had initiated and which found the enthusiastic support of his fellow Boston intellectuals. This first American encyclopedia is in fact patterned after the seventh edition of the *Conversations-Lexicon* published by Brockhaus in Germany, as the title page proudly declares. In the article on Schiller that Lieber himself wrote, he followed the approach taken by Humboldt in his essay prefatory to the correspondence entitled *Über Schiller und den Gang seiner Geistesentwicklung (On Schiller and the Course of his Intellectual Development)*. The emphasis of this German-American account of Schiller, that is to say, falls on the dynamic, evolving character of his thought.

We have selected for the exhibition Schiller's letter to Gottfried Körner of February 23, 1793, which forcefully demonstrates Humboldt's crucial insight that self-active thought, as opposed, say, to empirical observation, was Schiller's passion, the very element in which he flourished. Here we see Schiller seizing on the example of the serpentine line that Hogarth (*The Analysis of Beauty*, 1753) had made canonical for eighteenth-century discussions of aesthetics. The fact that the serpentine line is aesthetically pleasing is taken for granted. The question is: what definition of beauty allows us to conceptualize why this is the case. Through the use of an ingenious counterexample, Schiller argues that the definition offered by the followers of Alexander Gottlieb Baumgarten (1714–1762) – namely, that beauty is sensate perfection – fails, because it embraces, in addition to the serpentine line, other patterns that manifestly don't elicit our aesthetic approval. On the other hand, Schiller's own definition – namely, that beauty is the phenomenal appearance of freedom – accounts for the difference in our responses to the two lines, since the serpentine line is 'free' in Schiller's sense. But of course the most interesting feature of the letter is not the argument itself, but the palpable energy of thought that is revealed here. The letters to Körner are among the documents that most clearly reveal the dynamic and dialogical character that Humboldt identified as the distinctive feature of Schiller's thinking. The point we wish to highlight here is that this Schiller is in a certain sense an American Schiller, a Schiller who had emerged from the cultural "Wechselwirkung" between Wilhelm von Humboldt and Francis Lieber.

The strongest case for an American reformulation of classicism, however, is to be made with respect to Goethe and the American Transcendentalists, whose leading figure was the essayist Ralph Waldo Emerson (1803–1882). Emerson concludes his book *Representative Men* (1850) with an essay entitled *Goethe; or the Writer*. The piece is revealing of the very thorough knowledge of Goethe's works that was common among the Transcendentalists, something that could also be demonstrated with reference to Margaret Fuller's (1810–1850) two essays on Goethe. But the interest of Emerson's essay with respect to the items selected for exhibition is that in it Goethe figures equally as artist and scientist. Indeed, the office of the "writer", in Emerson's special use of the term, is "a reception of the facts into the mind, and then a selection of the eminent and characteristic experiences" [Ralph Waldo Emerson, Representative Men. Seven Lectures, Boston/New York 1876, p. 249]. That sounds very much like a definition keyed to Goethe's notions of "Anschauung" ("intuition") and "Urphänomen", the central concepts of his scientific method. In this sense, the plates designed for Goethe's *Farbenlehre* (*Doctrine of Colors*) would represent, by the lights of Emerson's understanding, not a marginal aspect of Goethe's overall achievement, but its very core. This thought finds expression in a remarkable sentence. After a page competently and sympathetically summarizing Goethe's accomplishments in botany, osteology, and optics, Emerson asserts:

"It is really of little consequence what topic he writes on. He sees at every pore, and has a certain gravitation toward the truth". [Ibid., p. 262.] To say that Goethe "sees at every pore" is to suggest that his entire experience was visually oriented; that his way of responding to the world was essentially visual. This thought makes itself felt in Emerson's programmatic transcendentalist essay *Nature* (1836), where he writes: "Such is the constitution of all things, or such the plastic power of the human eye, that the primary forms, as the sky, the mountain, the tree, the animal, give us a delight *in and for themselves*; a pleasure arising from outline, color, motion, and grouping." [Selected Writings of Ralph Waldo Emerson, ed. William H. Gilman, New York 2003, p. 187.] The plastic power of the human eye: that is the lesson that Emerson would find exhibited in the plates of Goethe's *Farbenlehre*. It constitutes one important American reformulation of German classicism.

It is a reformulation that has tradition. In his novel *More Die of Heartbreak* (1987), Saul Bellow imagines a botanist and specialist in plant morphology endowed with a remarkable capacity of intuitive insight. Not only in the plant realm, but also in the field of human relations this character is capable of seeing essential configurations, the very patterns of human character and desire. On the back of the novel Bellow reveals the source of his novelistic conception: the photograph on the dust jacket shows the novelist in his library, pointing emphatically toward the right. Careful inspection reveals that the pointing finger ends at a volume of Goethe's *Italian Journey*, which recounts his first intuition of the *Urpflanze*, the ancestor of the *Urphänomen*.

Das vorliegende Marbacher Magazin erscheint zur Ausstellung:
›Deutscher Geist. Ein amerikanischer Traum.‹
Literaturmuseum der Moderne, Marbach am Neckar
7. Mai bis 3. Oktober 2010

Ausstellung: Heike Gfrereis mit Ernst Osterkamp und David E. Wellbery; wissenschaftliche Mitarbeit: Katrin Sterba; Organisation: Vinca Lochstampfer; konservatorische Betreuung: Beate Küsters und Susanne Boehme; Textredaktion: Dietmar Jaegle; Ausstellungsgestaltung: Space4 (Architektur) und Keppler | Schmid (Grafik)

Für Hinweise und Unterstützung ist zu danken: Jan Bürger, Frank Druffner, Marcel Lepper, Ulrich Raulff und Silke Scheible.

Umschlag: Koffer von Elisabeth Freundlich, die mit Walter Benjamin 1941 nach Portbou floh und anders als dieser nach Amerika emigrieren konnte. Foto: DLA Marbach (Mathias Michaelis)
Vor- und Nachsatz: Friedrich Wilhelm Murnau auf seinem Boot mit Hans und Peter Viertel; Salka Viertel mit Sergej Eisenstein am Strand von Santa Monica.
Fotografie: DLA Marbach

© 2010 Deutsche Schillergesellschaft, Marbach am Neckar
Herausgeber: Deutsches Literaturarchiv Marbach
Redaktion: Dietmar Jaegle
Ausstattung: Diethard Keppler und Stefan Schmid
Gesamtherstellung: Offizin Scheufele Druck und Medien, Stuttgart
ISBN 978-3-937384-68-9

Die Deutsche Schillergesellschaft wird gefördert
durch die Bundesrepublik Deutschland,
das Land Baden-Württemberg, den Landkreis Ludwigsburg
und die Städte Ludwigsburg und Marbach am Neckar.